# Die Regel des hl. Benedikt

# VORWORT

*Die vorliegende deutsche Ausgabe der Regel des heiligen Benedikt ist die erste Arbeitsfrucht der Regula Benedicti-Kommission der Salzburger Äbtekonferenz, in der die Oberen der Benediktinerklöster im deutschen Sprachraum zusammengefaßt sind. In mehrjähriger Arbeit haben die Mitglieder der Kommission diese Übersetzung erstellt. Dafür sei ihnen aufrichtig Dank gesagt.*
*Der handlichen deutschen Ausgabe folgt die lateinisch-deutsche textkritische Edition für eine intensivere Beschäftigung mit dem Regeltext. Die deutsche Ausgabe trägt der Tatsache Rechnung, daß die Regel Benedikts nicht nur den Mönchen und Nonnen geistliche Führung bietet, sondern als hervorragendes Dokument christlicher Spiritualität seit langer Zeit vielen Menschen Hilfe und Anleitung ist für ihr Leben als getaufte und gefirmte Christen. Unter ihnen seien besonders die benediktinischen Oblaten und die Gäste unserer Klöster erwähnt.*
*Papst Gregor der Große († 604) beschreibt in seinen Dialogen, wie fruchtbar das Wirken des Mönchsvaters Benedikt war: »Die ganze Gegend entbrannte in der Liebe zu unserem Herrn und Gott Jesus Christus.«*
*Die Herausgeber wünschen, daß die Lektüre dieser geistlichen Weisung den Leser zu einer vertieften Liebe zu unserem Herrn Jesus Christus führe.*

*Göttweig, 21. März 1990,*
*am Fest des Heimgangs*
*unseres hl. Vaters Benedikt*

*+ Clemens Lashofer*
*Vorsitzender der*
*Salzburger Äbtekonferenz*

# INHALTSVERZEICHNIS

# EINLEITUNG

Als Benedikt im 6. Jahrhundert auf dem Monte Cassino die Regel für seine Mönchsgemeinschaft zusammenstellte, war schon eine ganze Epoche des Mönchtums mit zahlreichen Lebensformen in den Wüsten und Städten Ägyptens, Palästinas, Kleinasiens und Syriens, in Nordafrika und Italien, in Südgallien, Spanien und Irland vorausgegangen.

## Die Heilige Schrift

Wie das gesamte Mönchtum betrachtet auch die Regel des hl. Benedikt die Heilige Schrift als den eigentlichen Wurzelgrund des Mönchtums.
Anfänglich harrte die ganze christliche Gemeinde auf die Wiederkunft des Herrn. Innerhalb der Glaubensgemeinschaft bildete sich bald eine Kerngruppe von sog. Asketen (= Übende). Als besonderes Element dieser Lebenshaltung tritt der Verzicht auf die Ehe hervor (Jungfräulichkeit). Vor allem Cyprian von Karthago († 258) und Ambrosius von Mailand († 397) verbreiteten dieses frühchristliche Ideal.
Im Ausgang des 3. Jahrhunderts führt diese Bewegung – vor allem in Ägypten – zum eigentlichen Wüstenmönchtum, zur Anachorese (= Trennung von menschlicher Gemeinschaft), und die Asketen werden wahre Mönche (= für sich allein Lebende). Wieder steht die biblische Erfahrung von Wüste (Mose, Elija, Johannes der Täufer, Jesus) als ausschlaggebendes Motiv im Hintergrund dieser Lebensweise.

Die koinobitische (= gemeinschaftliche) Lebensform beruft sich auf die Urgemeinde in Jerusalem. Apg 2 und 4 und Ps 133 (132) ergeben die biblische Begründung. Origenes († 253/254), Pachomius († 346), Basilius († 379), Evagrius Ponticus († 399), Hieronymus († 419/420), Augustinus († 430) und Cassian († 430/435) sind in diesem Zusammenhang zu erwähnen.
Dieses asketische, anachoretische und koinobitische Ideal wird über einen langen Zeitraum in vielfältigen monastischen Variationen gelebt. Erst nach und nach bündeln sich die einzelnen Formen; sie werden einheitlicher und einfacher. Bis weit ins 5. Jahrhundert hinein leben Frauen und Männer ehelos im Elternhaus oder im eigenen Haushalt. Da und dort bildet sich eine Gemeinschaft von enthaltsam Lebenden in der Gemeinde, entstehen sog. Hausklöster im Sinne der Familienaskese, ziehen sich Anachoreten zurück und pilgern Wandermönche durch das Land. Koinobiten leben in größeren oder kleinen Klöstern, und es entstehen Klerikergemeinschaften und Basilikaklöster. Diese ursprüngliche Vielfalt ist die reiche Tradition, aus der Benedikt schöpfen konnte.
Seit den letzten Jahrzehnten des 4. Jahrhunderts zeigen sich Bestrebungen, die gewachsenen Arten des Mönchtums und dessen grundlegende Elemente zu werten und festzuhalten: Gebet, Lesung, Handarbeit, Leben unter Regel und Abt. Die Verschiedenheit der Formen zeigt sich auch in den Umschreibungen des monastischen Ideals wie Vollkommenheit (vgl. Mt 5,48), Nachahmung Jesu, Nachfolge der Martyrer, engelgleiches Leben, Rückkehr ins Paradies, prophetische, apostolische Lebensweise, wahre Philosophie, militia Christi (= Dienst für Christus), vacare Deo (= frei sein für Gott), Trennung von der Welt, u.a.

## Leitgestalten

Bei der Weitergabe der monastischen Tradition sind vor allem die »exempla«, d.h. die Lebensbilder beispielhafter Mönche von entscheidender Bedeutung.
Die Leitgestalt des ägyptischen Mönchtums ist der hl. Antonius, dessen Vita (= Lebensbeschreibung) von Bischof Athanasius um 357 verfaßt wurde und bereits etwa 365 in lateinischer Übersetzung vorlag. Sie wurde die »Modell-Vita« des Mönchtums überhaupt.
Weit über den Raum des syrischen Mönchtums hinaus wurde Simon Stylites († 459) bekannt. Zum Zeichen der Wachsamkeit und des immerwährenden Gebetes stand er jahrelang auf einer Säule. In ihm wird sichtbar, was die alte syrische Bezeichnung für Mönch bedeutet: der Stehende, der ausharrt im Warten und im Beten.
Das westliche Mönchtum findet seine Leitfigur in Martin von Tours († 397). Seine von Sulpicius Severus um 400 verfaßte Vita gehört zu den grundlegenden Werken der spätantiken lateinischen Literatur. Die Bedeutung des Mönchsbischofs Martin von Tours ist noch bei Benedikt zu spüren, wenn er auf dem Monte Cassino ein Oratorium baut und dem hl. Martin weiht.

## Die großen Mönchsregeln

Neben den Lebensgeschichten haben auch die Mönchsregeln die Entwicklung des Mönchtums entscheidend geprägt. Die bedeutenden Regeltraditionen sind Benedikt bekannt gewesen, weil sie zur allgemeinen Ausrüstung jenes geistlichen Wissens gehören, aus dem diese Regeln bereits ihrerseits geschöpft, ausgewählt und weitergegeben haben.

Benedikt erwähnt eigens die Regel »unseres hl. Vaters Basilius« (RB 73,5). Die asketische Überlieferung hat sich bei Basilius in drei Regelwerken niedergeschlagen. Sie verweisen immer wieder auf die Heilige Schrift als den Quellgrund der monastischen Lebensgestaltung auch im Alltag. Die Kenntnis der Basilius-Regeln im Westen wurde gefördert durch die Übersetzung ins Lateinische durch Rufinus († 410) im Jahre 397.
Von einflußreicher Bedeutung für die Regel Benedikts wurden die Hinweise, die der hl. Augustinus († 430) für das Leben in Gemeinschaft gab. Die unter seinem Namen überlieferte Regeltradition stellt für Benedikt vor allem das Ideal des gemeinsamen Lebens nach dem Vorbild der Urgemeinde in Jerusalem bereit.
Wichtig für die monastische Ordnung des hl. Benedikt ist die Regula Magistri (= Magisterregel) geworden, das Werk eines unbekannten Mönchs. Sie ist unmittelbare Quelle vor allem für die ersten sieben Kapitel der Regel des hl. Benedikt. Während der Herkunftsort der Magisterregel umstritten ist (Rom, Südgallien oder Jura), datiert man ihre Entstehung in die Zeit von 500 bis 535. Gerade im Vergleich der Benediktusregel mit ihrer Vorlage zeigt sich in aller Deutlichkeit die monastische Eigenständigkeit Benedikts im weisen und kritischen Umgang mit der Magisterregel.
Ein großer Vermittler der monastischen Tradition ist Johannes Cassian († 430/435). Aus jahrelanger eigener Anschauung kannte er das Mönchtum Ägyptens, Palästinas und Syriens. Nach der Rückkehr in den Westen gründete er um 415 in Marseille ein Frauen- und ein Männerkloster. In den folgenden Jahren entstanden seine beiden Werke »Collationes« (= Unterredungen) und »Institutiones« (= Einrichtungen), die das Leben und Wirken der Wüstenväter beschreiben. Cassian weist darauf hin, daß diese Ideale im Westen nicht

unkritisch übernommen werden können; vielmehr sei es notwendig, die eigenen Bedingungen anzuerkennen und eine angemessene Form des Mönchtums zu leben.

## Regel und Regeln

Benedikt versteht unter Mönchtum das Leben »unter Regel und Abt« (RB 1,2). Was »Regel« konkret meint, kann unterschiedlich beantwortet werden.
*Heilige Schrift:* Das Wort Regel zeigt in diesem Sinn die untrennbare Bindung des Mönchtums an die Heilige Schrift. Die Bibel ist die Regel schlechthin. Die monastische Gesetzgebung des Pachomius enthält zwar keine Schriftzitate, bezeichnet aber in aller Deutlichkeit die Heilige Schrift als Regel. Die Klosterregeln sind dann nur im abgeleiteten Sinn Regeln, weil sie die Weisung der Schrift für den konkreten Alltag eines Klosters aktualisieren.
*Christliche Lebensanweisung:* Wenn vornehmlich die Heilige Schrift als Regel gilt, dann können die Folgerungen, die sich aus den Geboten Gottes ergeben, ebenfalls als Regel bezeichnet werden. Denn der Geist aus den Schriften Gottes inspiriert und ordnet so den monastischen Alltag. Damit besitzen diese Einsichten eine gewisse verbindliche Kraft, die sie zur Regel werden läßt.
*Mündliche Überlieferung:* Die Regelung des monastischen Alltags mußte nicht unbedingt schriftlich geschehen. So gab das ägyptische Mönchtum seine Ordnungen als »regula communis« (= allgemeine Regel) mündlich weiter.
*Lebensbeispiel:* Nicht nur das geschriebene oder gesprochene Wort gilt als Regel, sondern auch das Lebensbeispiel und Vorbild der Altväter. In diesem Sinn bezeich-

net Gregor v. Nazianz († 390) die Vita des großen Antonius als Regel für Mönche.

*Lehre des Abtes:* Von besonderem Gewicht ist die Bezeichnung Regel für das Wort und die Weisung des Abtes. Es ist sein Wort an die Gemeinschaft gemeint, als Zuspruch und Mahnung, als Orientierung und Anordnung.

*Klösterliche Gesetzgebung:* Das Wort Regel wird vor allem verwendet für die schriftlich niedergelegte Ordnung, die in einem Kloster das monastische Leben der Gemeinschaft regelt. Was Benedikt als Regel bezeichnet, ist die konkrete Ordnung von Monte Cassino, wie sie sich während seiner Abtszeit herausgebildet hat. Die Regel ist verbindlich für alle, sowohl für die Mönche wie für die Oberen. Sie ist normativ und konstitutiv für das gemeinsame Leben und damit auch das unterscheidende Kriterium zur Anachorese. Als Haus- und Lebensordnung legt sie fest, wie gebetet, gearbeitet, gehorcht und miteinander gelebt werden soll. Aus dem richtungsweisenden Wort des Abtes wird die schriftlich fixierte Ordnung. Da diese für das einzelne Kloster gilt, besitzt jede Gemeinschaft ihre eigene Regel. So sind aus den Jahrzehnten um Benedikt und den verschiedenen monastischen Landschaften etwa dreißig Klosterregeln erhalten.

Was sich bewährt hat, soll weitergegeben werden. So schöpfen alle Regeln aus dem reichen Fundus der monastischen Tradition und Spiritualität, deren letzter Grund die Heilige Schrift ist. Es geht dem Regelschreiber nicht um Originalität, sondern um Kontinuität.
Auch Benedikt will sich mit seiner Regel in die monastische Tradition einordnen und ihr Bestes weitergeben. Daher tut es der Würde und Eigenständigkeit der Benediktusregel keinen Abbruch, wenn wir in ihr eine

Fülle von Quellen entdecken, ohne daß unbedingt von direkter literarischer Abhängigkeit gesprochen werden muß. Wir dürfen annehmen, daß der breite Strom der patristisch-monastischen Überlieferung gut bekannt war. Zur Zeit Benedikts gibt es quer durch die geographischen Regionen und literarischen Gattungen einen inneren, geistlichen Zusammenhang des Mönchtums, der vor allem erkennbar wird in den gemeinsamen Idealen und im Gebrauch einer nahezu einheitlich geprägten Mönchssprache. In diese Gemeinsamkeit monastischen Lebens in Sprache, Normen und Wertmaßstäben ist auch die Regel Benedikts eingebunden.

## Das Leben des hl. Benedikt

Die einzige erhaltene Quelle für das Leben des hl. Benedikt von Nursia und das erste Zeugnis für dessen Mönchsregel ist das 2. Buch der »Dialoge« von Gregor dem Großen († 604). Er wollte keine Biographie im heutigen Sinn des Wortes bieten, sondern nach antikchristlichem Brauch »zum Lobpreis des Erlösers einige Wunder des ehrwürdigen Mannes Benedikt erzählen« (Dialoge 1,12). Folgende Daten lassen sich daraus erschließen: Benedikt wurde um 480 bei Nursia in Umbrien geboren und als junger Mann zum Studium nach Rom geschickt. Er brach die Studien bald ab, »verließ die Welt« und schloß sich zunächst einer Asketengemeinschaft in Enfide an. Dann zog er sich für drei Jahre nach Subiaco ins Aniotal zurück. Es scharten sich Schüler um Benedikt, und zwölf kleine Klöster entstanden. Um 529 zog er mit einigen Mönchen auf den Monte Cassino. Dort starb der Mönchsvater um 547. Der Gottesmann Benedikt war nicht nur durch seine Lebensweise zu einer Leitfigur geworden, sondern lehrte auch durch das Wort seiner »Mönchsregel, die sich durch weise Mäßigung und verständliche Darstellung auszeichnet. Wer seine Tugend und sein Leben kennenlernen will, kann in der Unterweisung der Regel alles finden, was er als Lehrer selbst übte; denn der heilige Mann konnte unmöglich anders lehren, als er lebte« (Dialoge 2,36).

## Zur Spiritualität der Benediktusregel

Die Regel des hl. Benedikt ist ein Buch geistlicher Weisung. Sie will dem Leben in Gemeinschaft eine Ordnung geben.

### *Gemeinschaft*

Das Symbolwort »Haus Gottes« (RB 31,19; 53,22; 64,5) umschreibt die klösterliche Gemeinschaft. Mitte dieser Gemeinschaft ist der auferstandene Christus; er erfüllt das ganze Haus und jeden Bewohner.
Für diese Gemeinschaft entscheidet sich der Mönch frei, weil er glaubt, hier den Ort zu finden, an dem er unermüdlich Gott suchen und Christus entgegengehen kann. Dies verwirklicht der Mönch in der Bindung an die Gemeinschaft (stabilitas), in der stetigen Einübung in die Grundhaltungen des geistlichen Lebens (conversatio morum) und im Gehorsam (oboedientia). Das verspricht der Mönch in den drei Gelübden der Profeß.
Der von den Brüdern gewählte Abt hat die Aufgabe, die einzelnen zu Christus, dem eigentlichen Abbas, zu führen, und darauf zu achten, daß die Gemeinschaft auf dem Weg des Evangeliums bleibt. Mit Weisheit

und Unterscheidungsgabe (discretio) verwaltet er das Haus Gottes und dient den Brüdern wie ein Arzt und wie der Gute Hirt. So steht er wie ein Vater in der Mitte der Gemeinschaft und trifft im Hören auf den Geist und auf die Brüder die angemessene Entscheidung. Diese Sicht des hl. Benedikt gilt für alle Dienste in der Gemeinschaft z.B. für den Cellerar, den Gastbruder, den Krankenbruder, den Pförtner – alle sollen in Gottesfurcht und Weisheit ihren Dienst tun; denn jeder Dienst wird letztlich Christus erwiesen. Wache Aufmerksamkeit für die Bedürfnisse des einzelnen, Achtung voreinander, Rücksicht auf die Schwachen und die Sorge, daß die Brüder in Liebe und ohne Traurigkeit einander dienen können, prägen die benediktinische Gemeinschaft. So wird in der Schule des Herrn die Gesinnung Christi eingeübt.

*Die geistliche Kunst*

*Hören:* Das Leitwort »Höre«, das Benedikt an den Anfang seiner Mönchsregel setzt, ist ein Grundbegriff des geistlichen Lebens. Hören ist Voraussetzung für Begegnung; in der Hinwendung zum Du wird es Ausdruck der Liebe. Hören ist eine Disziplin des Herzens, ein Prozeß der Achtsamkeit auf das Wort des Herrn und des Bruders. So wird der Hörende zum Liebenden.

*Gehorsam:* Mit hörendem Herzen wächst der Mönch in den Gehorsam hinein. In der Gemeinschaft der Brüder entdeckt und entfaltet er seine persönliche, unverwechselbare Beziehung zu Gott und stellt sich seinem Anspruch. Auf diesem mühevollen Weg gehen Brüder und Abt miteinander im Glauben Christus entgegen, indem sie in liebevoller Offenheit aufeinander hören.

*Schweigen:* Mit dem Hören ist das Schweigen verbunden. Benedikt will im Kloster einen Raum des Schweigens schaffen, in dem der Mensch sich öffnen kann für die Gegenwart Gottes in seinem Wort, in der Liturgie und in den vielfältigen Begegnungen des Alltags. Schweigen und Hören sind Grundhaltungen des Jüngers und führen zur Demut.
*Demut:* Demütig wird der Mensch, der im Laufe seines Lebens Schritt für Schritt von sich frei wird und Gott immer mehr Raum gewährt. Er vertraut ganz auf Gottes Barmherzigkeit. Benedikt zeichnet im 7. Kapitel seiner Regel diesen Weg im Bild der Leiter. Die Demut führt zu jener Liebe, die alle Furcht vertreibt.
*Das rechte Maß:* Die Unterscheidungsgabe (discretio) meidet das Zuviel und das Zuwenig und sucht in allem das rechte Maß. Benedikt nennt sie die Mutter aller Tugenden.
*Freude:* Die Mönche sollen in Freude leben können, im dankbaren Staunen über die Großtaten Gottes. Deswegen achtet Benedikt darauf, daß Trösten, Ermutigen, Helfen und Stärken ein Zusammenleben in Freude ermöglichen. Sie ist nicht Ergebnis menschlicher Anstrengung, sondern Werk des Heiligen Geistes.
*Liebe:* Auf dem ganzen Weg des geistlichen Lebens ist die Liebe so sehr der Ausgangspunkt und das Ziel, daß Benedikt prägnant sagen kann: mit dieser leidenschaftlichen Liebe sollen die Mönche Christus lieben und ihm nichts vorziehen. Die Liebe kennzeichnet ebenso das Verhältnis zwischen Abt und Brüdern und der Brüder untereinander.

*Gebet:* Durchdrungen vom Bewußtsein der Gegenwart Gottes, nimmt Benedikt die biblische Mahnung ernst, ohne Unterlaß zu beten, und gibt dem gemeinsamen Gebet eine feste Ordnung. Zu bestimmten Zeiten finden sich die Mönche zum gemeinsamen Gotteslob zusammen. »Dem Gottesdienst soll nichts vorgezogen werden«. So müht sich der Mönch, Herz und Stimme in Einklang zu bringen und das ganze Leben auf Gott auszurichten.
*Geistliche Lesung:* Sie meint den meditativen Umgang mit dem Wort Gottes (lectio divina). Monastische und theologische Schriften können dabei eine Hilfe sein. Benedikt wünscht, daß der Mönch regelmäßig zu bestimmten Zeiten für die Lesung frei ist (vacare lectioni).
*Arbeit:* Zu bestimmten Zeiten sollen die Mönche arbeiten, da sie von der Arbeit ihrer Hände leben. Gott soll auch durch die alltägliche Arbeit verherrlicht werden. So durchdringen sich Gebet und Arbeit gegenseitig.
*Gastfreundschaft:* Sie ist ein geistliches Geschehen. Benedikt beschreibt die Aufnahme von Gästen in liturgischer und spiritueller Sprache. Gastfreundschaft ist Offensein für Fremde, in denen Christus auf die Gemeinschaft zukommt und in denen der Bruder seinem Herrn begegnen kann.
*Friede:* Nach den Vorstellungen Benedikts sollen seine Klöster Orte des Friedens sein. Im rücksichtsvollen Umgang miteinander, in der Versöhnungsbereitschaft und im Gebet füreinander kann Friede wachsen. »Suche den Frieden und jage ihm nach.«

# ZUR ÜBERSETZUNG

Die vorliegende Übersetzung ist in den Jahren 1985-1990 von einer Kommission im Auftrag der Salzburger Äbtekonferenz erarbeitet worden. Sie steht in der Tradition früherer deutscher Fassungen.
Dem deutschen Sprachstil wurde besondere Aufmerksamkeit gewidmet. So wurden längere lateinische Sätze oft aufgelöst. An verschiedenen Stellen mußte das Subjekt im Deutschen ergänzt werden. Verbindungspartikel ohne inhaltliche Bedeutung, formelhafte Verweise und andere Füllwörter wurden bisweilen ausgelassen, um die Verständlichkeit des Textes zu erhöhen und Störungen im Satzfluß zu vermeiden.
Es wurde darauf geachtet, Sätze, die in der Geschichte der Benediktiner eine große Bedeutung für die geistliche Unterweisung haben, in einer einprägsamen Fassung wiederzugeben.
Bei den liturgischen Kapiteln wurde der Sprachgebrauch des Monastischen Stundenbuches übernommen.
Für Zitate aus der Heiligen Schrift wurde soweit als möglich die deutsche Einheitsübersetzung herangezogen. Wenn Benedikt sich auf eine abweichende Fassung der lateinischen Bibelübersetzung bezieht, mußte die Übersetzung notwendigerweise die Einheitsübersetzung verlassen. Die Zählung der Psalmen nach der Vulgata im Regeltext bleibt in der deutschen Übersetzung erhalten; die Zählung der Einheitsübersetzung ist in den Anmerkungen angegeben.
Die Kapitelüberschriften im fortlaufenden Text wurden nicht wörtlich übersetzt, sondern nach dem Inhalt

des Kapitels gestaltet. Die wörtliche Übersetzung findet sich im Verzeichnis der Regelkapitel, wobei außer acht bleibt, daß der lateinische Text dieser Liste nicht genau mit den lateinischen Kapitelüberschriften im Text übereinstimmt.
Die Angabe des Datums am Rande des Textes weist auf den Brauch in vielen Klöstern hin, die Benediktusregel im Laufe des Jahres dreimal vorzulesen.

# INHALTLICHE ÜBERSICHT

Zur Organisation des Klosters



Die tägliche Versorgung

Der Tageslauf



Beziehungen des Klosters nach außen



Aufnahme-Ordnung

Dienst-Ordnung



Gemeinschaft in der Liebe

# REGELTEXT

## Prolog

1 Höre, mein Sohn, auf die Weisung des Meisters, 1. Jan.
neige das Ohr deines Herzens, 2. Mai
nimm den Zuspruch des gütigen Vaters willig an 1. Sept.
und erfülle ihn durch die Tat!
2 So kehrst du durch die Mühe des Gehorsams
zu dem zurück,
den du durch die Trägheit des Ungehorsams
verlassen hast.
3 An dich also richte ich jetzt mein Wort,
wer immer du bist,
wenn du nur dem Eigenwillen widersagst,
für Christus, den Herrn und wahren König,
kämpfen willst
und den starken und glänzenden Schild
des Gehorsams ergreifst.

4 Vor allem: wenn du etwas Gutes beginnst,
bestürme ihn beharrlich im Gebet,
er möge es vollenden.
5 Dann muß er, der uns jetzt zu seinen Söhnen zählt,
einst nicht über unser böses Tun traurig sein.
6 Weil er Gutes in uns wirkt,
müssen wir ihm jederzeit gehorchen;
dann wird er uns einst nicht enterben
wie ein erzürnter Vater seine Söhne;
7 er wird auch nicht wie ein furchterregender Herr
über unsere Bosheit ergrimmt sein

und uns wie verkommene Knechte
der ewigen Strafe preisgeben,
da wir ihm in die Herrlichkeit nicht folgen wollten.

2. Jan.
3. Mai
2. Sept.

8 Stehen wir also endlich einmal auf!
Die Schrift rüttelt uns wach und ruft:
„Die Stunde ist da, vom Schlaf aufzustehen."
9 Öffnen wir unsere Augen dem göttlichen Licht,
und hören wir mit aufgeschrecktem Ohr,
wozu uns die Stimme Gottes täglich mahnt
und aufruft:
10 „Heute, wenn ihr seine Stimme hört,
verhärtet eure Herzen nicht!"
11 Und wiederum:
„Wer Ohren hat zu hören,
der höre, was der Geist den Gemeinden sagt!"
12 Und was sagt er?
„Kommt, ihr Söhne, hört auf mich!
Die Furcht des Herrn will ich euch lehren.
13 Lauft, solange ihr das Licht des Lebens habt,
damit die Schatten des Todes
euch nicht überwältigen."

3. Jan.
4. Mai
3. Sept.

14 Und der Herr sucht in der Volksmenge,
der er dies zuruft,
einen Arbeiter für sich und sagt wieder:
15 „Wer ist der Mensch, der das Leben liebt
und gute Tage zu sehen wünscht?"
16 Wenn du das hörst und antwortest: „Ich",
dann sagt Gott zu dir:
17 „Willst du wahres und unvergängliches Leben,
bewahre deine Zunge vor Bösem
und deine Lippen vor falscher Rede!

8: Röm 13,11 10: Ps 95,8 11: Offb 2,7 12: Ps 34,12
13: Joh 12,35 15: Ps 34,13 17: Ps 34,14–15

Meide das Böse und tu das Gute;
suche Frieden und jage ihm nach!
18 Wenn ihr das tut, blicken meine Augen auf euch,
und meine Ohren hören auf eure Gebete;
und noch bevor ihr zu mir ruft,
sage ich euch: Seht, ich bin da."
19 Liebe Brüder, was kann beglückender für uns sein
als dieses Wort des Herrn, der uns einlädt?
20 Seht, in seiner Güte zeigt uns der Herr
den Weg des Lebens.

21 Gürten wir uns also mit Glauben
und Treue im Guten,
und gehen wir unter der Führung des Evangeliums
seine Wege,
damit wir ihn schauen dürfen,
der uns in sein Reich gerufen hat.

22 Wollen wir in seinem Reich
und in seinem Zelt wohnen,
dann müssen wir durch gute Taten dorthin eilen;
anders kommen wir nicht ans Ziel.
23 Fragen wir nun mit dem Propheten den Herrn: 4. Jan.
„Herr, wer darf wohnen in deinem Zelt, 5. Mai
wer darf weilen auf deinem heiligen Berg?" 4. Sept.
24 Hören wir, Brüder,
was der Herr auf diese Frage antwortet
und wie er uns den Weg zu seinem Zelt weist:
25 „Der makellos lebt und das Rechte tut;
26 der von Herzen die Wahrheit sagt
und mit seiner Zunge nicht verleumdet;

---

18: vgl. Ps 34,16; Jes 65,24; Jes 58,9
20: vgl. Ps 16,11 23: Ps 15,1 25: Ps 15,2-3

27 der seinem Freund nichts Böses antut
und seinen Nächsten nicht schmäht;
28 der den arglistigen Teufel, der ihm etwas einflüstert,
samt seiner Einflüsterung
vom Auge seines Herzens wegstößt,
ihn zunichte macht, seine Gedankenbrut packt
und sie an Christus zerschmettert."
29 Diese Menschen fürchten den Herrn
und werden wegen ihrer Treue im Guten
nicht überheblich;
sie wissen vielmehr,
daß das Gute in ihnen nicht durch eigenes Können,
sondern durch den Herrn geschieht.
30 Sie lobpreisen den Herrn, der in ihnen wirkt,
und sagen mit dem Propheten:
„Nicht uns, o Herr, nicht uns,
sondern deinen Namen bring zu Ehren."
31 Auch der Apostel Paulus
hat nichts von seiner Verkündigung
als sein Verdienst angesehen, sagt er doch:
„Durch Gottes Gnade bin ich, was ich bin."
32 Und er sagt auch:
„Wer sich rühmen will, der rühme sich im Herrn."
33 Schließlich sagt der Herr im Evangelium:
„Wer diese meine Worte hört und danach handelt,
ist wie ein kluger Mann,
der sein Haus auf Fels gebaut hat.
34 Als nun ein Wolkenbruch kam
und die Wassermassen heranfluteten,
als die Stürme tobten und an dem Haus rüttelten,
da stürzte es nicht ein;
denn es war auf Fels gebaut."

---

28: vgl. Ps 15,4; vgl. Ps 137,9 30: Ps 115,1 31: 1 Kor 15,10
32: 2 Kor 10,17 33: Mt 7,24–25

35 Nach all diesen Worten erwartet der Herr, 5. Jan.
daß wir jeden Tag auf seine göttlichen Mahnungen 6. Mai
mit unserem Tun antworten. 5. Sept.
36 Deshalb sind uns die Tage dieses Lebens
als Frist gewährt,
damit wir uns von unseren Fehlern bessern,
37 wie der Apostel sagt:
„Weißt du nicht, daß Gottes Geduld dich zur
Umkehr führt?"
38 Denn in seiner Güte sagt der Herr:
„Ich will nicht den Tod des Sünders,
sondern daß er umkehrt und lebt."

39 Brüder, wir haben also den Herrn befragt,
wer in seinem Zelt wohnen darf,
und die Bedingungen für das Wohnen gehört.
Erfüllen wir doch die Pflichten eines Bewohners!*
40 Wir müssen unser Herz und unseren Leib 6. Jan.
zum Kampf rüsten, 7. Mai
um den göttlichen Weisungen 6. Sept.
gehorchen zu können.
41 Für alles, was uns von Natur aus kaum möglich ist,
sollen wir die Gnade und Hilfe des Herrn erbitten.
42 Wir wollen den Strafen der Hölle entfliehen
und zum unvergänglichen Leben gelangen.
43 Noch ist Zeit, noch sind wir in diesem Leib,
noch läßt das Licht des Lebens uns Zeit,
all das zu erfüllen.
44 Jetzt müssen wir laufen
und tun, was uns für die Ewigkeit nützt.

---

37: Röm 2,4 38: Ez 33,11

*) Einige Handschriften beenden hier den Prolog:
Wenn wir die Pflichten eines Bewohners erfüllen,
werden wir Erben des Himmelreiches sein.

7. Jan. 45 Wir wollen also eine Schule
8. Mai für den Dienst des Herrn einrichten.
7. Sept. 46 Bei dieser Gründung hoffen wir,
nichts Hartes und nichts Schweres festzulegen.
47 Sollte es jedoch aus wohlüberlegtem Grund
etwas strenger zugehen,
um Fehler zu bessern und die Liebe zu bewahren,
48 dann laß dich nicht sofort von Angst verwirren
und fliehe nicht vom Weg des Heils;
er kann am Anfang nicht anders sein als eng.
49 Wer aber im klösterlichen Leben
und im Glauben fortschreitet,
dem wird das Herz weit,
und er läuft in unsagbarem Glück der Liebe
den Weg der Gebote Gottes.

50 Darum wollen wir uns seiner Unterweisung
niemals entziehen
und in seiner Lehre im Kloster ausharren
bis zum Tod.
Wenn wir so in Geduld
an den Leiden Christi Anteil haben,
dann dürfen wir auch mit ihm sein Reich erben.

# 1

## Die Arten der Mönche

8. Jan. 1 Wir kennen vier Arten von Mönchen.
9. Mai
8. Sept. 2 Die erste Art sind die Koinobiten:
Sie leben in einer klösterlichen Gemeinschaft
und dienen unter Regel und Abt.

3 Die zweite Art sind die Anachoreten,
das heißt Einsiedler.
Nicht in der ersten Begeisterung für das Mönchsleben,
sondern durch Bewährung im klösterlichen Alltag
4 und durch die Hilfe vieler hinreichend geschult,
haben sie gelernt, gegen den Teufel zu kämpfen.
5 In der Reihe der Brüder wurden sie gut vorbereitet
für den Einzelkampf in der Wüste.
Ohne den Beistand eines anderen
können sie jetzt zuversichtlich
mit eigener Hand und eigenem Arm
gegen die Sünden des Fleisches
und der Gedanken kämpfen,
weil Gott ihnen hilft.

6 Die dritte Art sind die Sarabaiten, 9. Jan.
eine ganz widerliche Art von Mönchen. 10. Mai
Weder durch eine Regel 9. Sept.
noch in der Schule der Erfahrung
wie Gold im Schmelzofen erprobt,
sind sie weich wie Blei.
7 In ihren Werken
halten sie der Welt immer noch die Treue.
Man sieht, daß sie durch ihre Tonsur Gott belügen.
8 Zu zweit oder zu dritt oder auch einzeln,
ohne Hirten,
sind sie nicht in den Hürden des Herrn,
sondern in ihren eigenen eingeschlossen:
Gesetz ist ihnen,
was ihnen behagt und wonach sie verlangen.
9 Was sie meinen und wünschen,
das nennen sie heilig,
was sie nicht wollen, das halten sie für unerlaubt.

10 Die vierte Art der Mönche
sind die sogenannten Gyrovagen.
Ihr Leben lang ziehen sie landauf landab
und lassen sich für drei oder vier Tage
in verschiedenen Klöstern beherbergen.
11 Immer unterwegs, nie beständig,
sind sie Sklaven der Launen ihres Eigenwillens
und der Gelüste ihres Gaumens.
In allem sind sie noch schlimmer als die Sarabaiten.

12 Besser ist es, über den erbärmlichen Lebenswandel
all dieser zu schweigen als zu reden.
13 Lassen wir sie also beiseite,
und gehen wir mit Gottes Hilfe daran,
der stärksten Art, den Koinobiten,
eine Ordnung zu geben.

# 2

## Der Abt

10. Jan.
11. Mai
10. Sept.

1 Der Abt, der würdig ist, einem Kloster vorzustehen,
muß immer bedenken, wie man ihn anredet,
und er verwirkliche durch sein Tun,
was diese Anrede für einen Oberen bedeutet.
2 Der Glaube sagt ja:
Er vertritt im Kloster die Stelle Christi;
wird er doch mit dessen Namen angeredet
3 nach dem Wort des Apostels:
„Ihr habt den Geist empfangen,
der euch zu Söhnen macht,
den Geist, in dem wir rufen: Abba, Vater!"

---

2,3: Röm 8,15

4 Deshalb darf der Abt nur lehren
oder bestimmen und befehlen,
was der Weisung des Herrn entspricht.
5 Sein Befehl und seine Lehre sollen
wie Sauerteig göttlicher Heilsgerechtigkeit
die Herzen seiner Jünger durchdringen.

6 Der Abt denke immer daran,
daß in gleicher Weise über seine Lehre
und über den Gehorsam seiner Jünger
beim erschreckenden Gericht Gottes entschieden wird.
7 So wisse der Abt: Die Schuld trifft den Hirten,
wenn der Hausvater an seinen Schafen
zu wenig Ertrag feststellen kann.
8 Andererseits gilt ebenso:
Hat ein Hirt
einer unruhigen und ungehorsamen Herde
all seine Aufmerksamkeit geschenkt
und ihrem verdorbenen Treiben
jede nur mögliche Sorge zugewandt,
9 wird er im Gericht des Herrn freigesprochen.
Er darf mit dem Propheten zum Herrn sagen:
„Deine Gerechtigkeit
habe ich nicht in meinem Herzen verborgen,
ich habe von deiner Treue und Hilfe gesprochen,
sie aber haben mich verhöhnt und verachtet."
10 Dann kommt über die Schafe,
die sich seiner Hirtensorge im Ungehorsam
widersetzt haben,
als Strafe der allgewaltige Tod.

11 Wer also den Namen „Abt" annimmt, 11. Jan.
muß seinen Jüngern 12. Mai
in zweifacher Weise als Lehrer vorstehen: 11. Sept.

---

2,9: Ps 40,11; Jes 1,2

12 Er mache alles Gute und Heilige
mehr durch sein Leben
als durch sein Reden sichtbar.
Einsichtigen Jüngern wird er die Gebote des Herrn
mit Worten darlegen,
hartherzigen aber und einfältigeren
wird er die Weisungen Gottes
durch sein Beispiel veranschaulichen.
13 In seinem Handeln zeige er,
was er seine Jünger lehrt,
daß man nicht tun darf,
was mit dem Gebot Gottes unvereinbar ist.
Sonst würde er anderen predigen
und dabei selbst verworfen werden.
14 Gott könnte ihm eines Tages sein Versagen
vorwerfen:
„Was zählst du meine Gebote auf
und nimmst meinen Bund in deinen Mund?
Dabei ist Zucht dir verhaßt,
meine Worte wirfst du hinter dich."
15 Auch gilt:
„Du sahst im Auge deines Bruders den Splitter,
in deinem hast du den Balken nicht bemerkt."

12. Jan.
13. Mai
12. Sept.

16 Der Abt bevorzuge im Kloster keinen
wegen seines Ansehens.
17 Den einen liebe er nicht mehr als den anderen,
es sei denn, er finde einen,
der eifriger ist in guten Werken und im Gehorsam.
18 Er ziehe nicht den Freigeborenen einem vor,
der als Sklave ins Kloster eintritt,
wenn es dafür keinen vernünftigen Grund gibt.
19 Der Abt kann aber jede Rangänderung vornehmen,

---

2,13: vgl. 1 Kor 9,27   2,14: Ps 50,16–17   2,15: Mt 7,3

wenn er es aus Gründen der Gerechtigkeit für gut hält.
Sonst sollen die Brüder den Platz einnehmen,
der ihnen zukommt.
20 Denn ob Sklave oder Freier,
in Christus sind wir alle eins,
und unter dem einen Herrn
tragen wir die Last des gleichen Dienstes.
Denn bei Gott gibt es kein Ansehen der Person.
21 Nur dann unterscheiden wir uns in seinen Augen,
wenn wir in guten Werken und in der Demut
eifriger sind als andere.
22 Der Abt soll also alle in gleicher Weise lieben,
ein und dieselbe Ordnung
lasse er für alle gelten –
wie es jeder verdient.

23 Wenn der Abt lehrt, halte er sich immer 13. Jan.
an das Beispiel des Apostels, der sagt: 14. Mai
„Tadle, ermutige, weise streng zurecht.“ 13. Sept.
Das bedeutet für ihn:
24 Er lasse sich vom Gespür für den rechten Augenblick leiten
und verbinde Strenge mit gutem Zureden.
Er zeige den entschlossenen Ernst des Meisters
und die liebevolle Güte des Vaters.
25 Härter tadeln muß er solche,
die keine Zucht kennen und keine Ruhe geben;
zum Fortschritt im Guten ermutige er alle,
die gehorsam, willig und geduldig sind;
streng zurechtweisen und bestrafen soll er jene,
die nachlässig und widerspenstig sind.

---

2,20: vgl. Gal 3,28; Röm 2,11 2,23: 2 Tim 4,2

26 Auf keinen Fall darf er darüber hinwegsehen,
wenn sich jemand verfehlt;
vielmehr schneide er die Sünden
schon beim Entstehen mit der Wurzel aus,
so gut er kann.
Er soll daran denken, daß ihm sonst
das Schicksal des Priesters Heli von Schilo droht.
27 Rechtschaffene und Einsichtige weise er
einmal und ein zweites Mal
mit mahnenden Worten zurecht.
28 Boshafte aber, Hartherzige, Stolze und Ungehorsame
soll er beim ersten Anzeichen eines Vergehens
durch Schläge und körperliche Züchtigung
im Zaum halten.
Er kennt doch das Wort der Schrift:
„Ein Tor läßt sich durch Worte nicht bessern."
29 Und auch dieses: „Schlage deinen Sohn mit der Rute,
so rettest du sein Leben vor dem Tod."

14. Jan. 15. Mai 14. Sept.

30 Der Abt muß bedenken, was er ist,
und bedenken, wie man ihn anredet.
Er wisse: Wem mehr anvertraut ist,
von dem wird mehr verlangt.
31 Er muß wissen,
welch schwierige und mühevolle Aufgabe
er auf sich nimmt:
Menschen zu führen
und der Eigenart vieler zu dienen.
Muß er doch dem einen mit gewinnenden,
dem anderen mit tadelnden,
dem dritten mit überzeugenden Worten begegnen.

---

2,26: s. 1 Sam 2,22–4,18 2,28: Spr 29,19 (VL) 2,29: Spr 23,14 (VL)
2,30: Lk 12,48

32 Nach der Eigenart und Fassungskraft jedes einzelnen
soll er sich auf alle einstellen und auf sie eingehen.
So wird er an der ihm anvertrauten Herde
keinen Schaden erleiden,
vielmehr kann er sich am Wachsen einer guten
Herde freuen.

33 Vor allem darf er 15. Jan.
über das Heil der ihm Anvertrauten 16. Mai
nicht hinwegsehen oder es geringschätzen 15. Sept.
und sich größere Sorge machen
um vergängliche, irdische und hinfällige Dinge.
34 Stets denke er daran:
Er hat die Aufgabe übernommen,
Menschen zu führen,
für die er einmal Rechenschaft ablegen muß.
35 Wegen des vielleicht allzu geringen Klostervermögens
soll er sich nicht beunruhigen;
vielmehr bedenke er das Wort der Schrift:
„Sucht zuerst das Reich Gottes und seine Gerechtigkeit,
und dies alles wird euch dazugegeben."
36 Ein anderes Schriftwort sagt:
„Wer ihn fürchtet, leidet keinen Mangel."

37 Der Abt muß wissen:
Wer es auf sich nimmt, Menschen zu führen,
muß sich bereithalten, Rechenschaft abzulegen.
38 Er sei sich darüber ganz im klaren:
Wie groß auch die Zahl der Brüder sein mag,
für die er Verantwortung trägt,
am Tag des Gerichtes muß er für sie alle
dem Herrn Rechenschaft ablegen,
dazu ohne Zweifel auch für sich selbst.

---

2,35: Mt 6,33 2,36: Ps 34,10

39 Immer in Furcht
vor der bevorstehenden Untersuchung des Hirten
über die ihm anvertrauten Schafe,
sorgt er für seine eigene Rechenschaft,
wenn er sich um die der anderen kümmert.
40 Wenn er mit seinen Ermahnungen anderen zur Besserung verhilft,
wird er selbst von seinen Fehlern geläutert.

# 3

## Die Einberufung der Brüder zum Rat

16. Jan.
17. Mai
16. Sept.

1 Sooft etwas Wichtiges im Kloster zu behandeln ist,
soll der Abt die ganze Gemeinschaft zusammenrufen
und selbst darlegen, worum es geht.
2 Er soll den Rat der Brüder anhören
und dann mit sich selbst zu Rate gehen.
Was er für zuträglicher hält, das tue er.
3 Daß aber alle zur Beratung zu rufen seien,
haben wir deshalb gesagt,
weil der Herr oft einem Jüngeren offenbart,
was das Bessere ist.
4 Die Brüder sollen jedoch in aller Demut
und Unterordnung ihren Rat geben.
Sie sollen nicht anmaßend und hartnäckig
ihre eigenen Ansichten verteidigen.
5 Vielmehr liegt die Entscheidung
im Ermessen des Abtes:
Was er für heilsamer hält,
darin sollen ihm alle gehorchen.

6 Wie es jedoch den Jüngern zukommt,
dem Meister zu gehorchen,
muß er seinerseits
alles vorausschauend und gerecht ordnen.

7 Alle sollen in allem der Regel als Lehrmeisterin folgen, 17. Jan. 18. Mai 17. Sept.
und niemand darf leichtfertig von ihrer Weisung abweichen.
8 Keiner darf im Kloster dem Willen seines eigenen Herzens folgen.

9 Niemand maße sich an,
mit seinem Abt unverschämt
oder gar außerhalb des Klosters zu streiten.
10 Geht aber einer in seiner Anmaßung so weit,
dann treffe ihn die von der Regel vorgesehene Strafe.
11 Der Abt allerdings muß seine Anordnungen
immer in Gottesfurcht treffen
und sich dabei an die Regel halten.
Er muß wissen, daß er sich ohne Zweifel
für all seine Entscheidungen
vor Gott, dem gerechten Richter,
zu verantworten hat.

12 Wenn weniger wichtige Angelegenheiten des Klosters zu behandeln sind,
soll er nur die Älteren um Rat fragen,
13 lesen wir doch in der Schrift:
„Tu alles mit Rat,
dann brauchst du nach der Tat nichts zu bereuen.“

3,13: Sir 32,24

# 4

## Die Werkzeuge der geistlichen Kunst

18. Jan.
19. Mai
18. Sept.

1 Vor allem: Gott, den Herrn, lieben
mit ganzem Herzen, mit ganzer Seele
und mit ganzer Kraft.
2 Ebenso: Den Nächsten lieben wie sich selbst.

3 Dann: Nicht töten.
4 Nicht die Ehe brechen.
5 Nicht stehlen.
6 Nicht begehren.
7 Nicht falsch aussagen.
8 Alle Menschen ehren.
9 Und keinem anderen antun,
was man selbst nicht erleiden möchte.

10 Sich selbst verleugnen, um Christus zu folgen.
11 Den Leib in Zucht nehmen.
12 Sich Genüssen nicht hingeben.
13 Das Fasten lieben.

14 Arme bewirten.
15 Nackte bekleiden.
16 Kranke besuchen.
17 Tote begraben.
18 Bedrängten zu Hilfe kommen.
19 Trauernde trösten.

---

4,1: Dtn 6,5 4,2: Mk 12,30–31; Lev 19,18 4,3: Ex 20,13
4,4: Ex 20,14 4,5: Ex 20,15 4,6: Ex 20,17 4,7: Ex 20,16
4,8: 1 Petr 2,17 4,9: Tob 4,16 4,10: Mt 16,24 4,11: 1 Kor 9,27
4,14: Mt 25,35 4,15: Mt 25,36 4,16: Mt 25,36 4,17: vgl. Tob 2,7–9

20 Sich dem Treiben der Welt entziehen.
21 Der Liebe zu Christus nichts vorziehen.

22 Den Zorn nicht zur Tat werden lassen. 19. Jan.
23 Der Rachsucht nicht einen Augenblick nachgeben. 20. Mai
24 Keine Arglist im Herzen tragen. 19. Sept.
25 Nicht unaufrichtig Frieden schließen.
26 Von der Liebe nicht lassen.
27 Nicht schwören, um nicht falsch zu schwören.
28 Die Wahrheit mit Herz und Mund bekennen.
29 Nicht Böses mit Bösem vergelten.
30 Nicht Unrecht tun, vielmehr erlittenes geduldig ertragen.
31 Die Feinde lieben.
32 Die uns verfluchen, nicht auch verfluchen, sondern – mehr noch – sie segnen.
33 Verfolgung leiden um der Gerechtigkeit willen.

34 Nicht stolz sein,
35 nicht trunksüchtig,
36 nicht gefräßig,
37 nicht schlafsüchtig,
38 nicht faul sein.
39 Nicht murren.
40 Nicht verleumden.

41 Seine Hoffnung Gott anvertrauen.
42 Sieht man etwas Gutes bei sich, es Gott zuschreiben, nicht sich selbst.
43 Das Böse aber immer als eigenes Werk erkennen, sich selbst zuschreiben.

---

4,27: Mt 5,34 4,29: 1 Petr 3,9 4,31: Lk 6,27 4,32: Lk 6,28; 1 Petr 3,9
4,33: Mt 5,10 4,34: Tit 1,7 4,35: 1 Tim 3,3 4,37: Spr 20,13
4,38: vgl. Spr 6,6–11 4,39: Weish 1,11 4,41: Ps 73,28

20. Jan. 21. Mai 20. Sept.

44 Den Tag des Gerichtes fürchten.
45 Vor der Hölle erschrecken.
46 Das ewige Leben mit allem geistlichen Verlangen ersehnen.
47 Den unberechenbaren Tod täglich vor Augen haben.
48 Das eigene Tun und Lassen jederzeit überwachen.
49 Fest überzeugt sein, daß Gott überall auf uns schaut.
50 Böse Gedanken, die sich in unser Herz einschleichen,
sofort an Christus zerschmettern
und dem geistlichen Vater eröffnen.

51 Seinen Mund vor bösem und verkehrtem Reden hüten.
52 Das viele Reden nicht lieben.
53 Leere oder zum Gelächter reizende Worte meiden.
54 Häufiges oder ungezügeltes Gelächter nicht lieben.
55 Heilige Lesungen gern hören.
56 Sich oft zum Beten niederwerfen.
57 Seine früheren Sünden unter Tränen und Seufzen täglich im Gebet Gott bekennen;
58 und sich von allem Bösen künftig bessern.

59 Die Begierden des Fleisches nicht befriedigen.
60 Den Eigenwillen hassen.
61 Den Weisungen des Abtes in allem gehorchen,
auch wenn er selbst, was ferne sei, anders handelt;
man denke an die Weisung des Herrn:
„Was sie sagen, das tut;
was sie aber tun, das tut nicht."

---

4,49: Spr 15,3 4,50: Ps 137,9 4,59: Gal 5,16 4,61: Mt 23,3

62 Nicht heilig genannt werden wollen, bevor man es ist,
sondern es erst sein,
um mit Recht so genannt zu werden.
63 Gottes Weisungen täglich durch die Tat erfüllen.
64 Die Keuschheit lieben. 21. Jan.
65 Niemanden hassen. 22. Mai
66 Nicht eifersüchtig sein. 21. Sept.
67 Nicht aus Neid handeln.
68 Streit nicht lieben.
69 Überheblichkeit fliehen.

70 Die Älteren ehren,
71 die Jüngeren lieben.
72 In der Liebe Christi für die Feinde beten.
73 Nach einem Streit noch vor Sonnenuntergang
zum Frieden zurückkehren.
74 Und an Gottes Barmherzigkeit niemals verzweifeln.

75 Das sind also die Werkzeuge der geistlichen Kunst.
76 Wenn wir sie Tag und Nacht
unaufhörlich gebrauchen
und sie am Tag des Gerichts zurückgeben,
werden wir vom Herrn jenen Lohn empfangen,
den er selbst versprochen hat:
77 „Was kein Auge gesehen und kein Ohr gehört hat,
hat Gott denen bereitet, die ihn lieben.“

78 Die Werkstatt aber,
in der wir das alles sorgfältig verwirklichen sollen,
ist der Bereich des Klosters
und die Beständigkeit in der Gemeinschaft.

---

4,72: Mt 5,44 4,73: Eph 4,26 4,77: 1 Kor 2,9

# 5

## Der Gehorsam

22. Jan.
23. Mai
22. Sept.

1 Der erste Schritt zur Demut
ist Gehorsam ohne Zögern.
2 Er ist die Haltung derer,
denen die Liebe zu Christus über alles geht.
3 Wegen des heiligen Dienstes, den sie gelobt haben,
oder aus Furcht vor der Hölle
und wegen der Herrlichkeit des ewigen Lebens
4 darf es für sie nach einem Befehl des Oberen
kein Zögern geben,
sondern sie erfüllen den Auftrag sofort,
als käme er von Gott.
5 Von ihnen sagt der Herr:
„Aufs erste Hören hin gehorcht er mir."
6 Und ebenso sagt er den Lehrern:
„Wer euch hört, hört mich."
7 Daher verlassen Mönche sofort,
was ihnen gerade wichtig ist,
und geben den Eigenwillen auf.
8 Sogleich legen sie unvollendet aus der Hand,
womit sie eben beschäftigt waren.
Schnellen Fußes folgen sie gehorsam
dem Ruf des Befehlenden mit der Tat.
9 Mit der Schnelligkeit,
die aus der Gottesfurcht kommt,
geschieht beides rasch wie in einem Augenblick:
der ergangene Befehl des Meisters
und das vollbrachte Werk des Jüngers.

---
5,5: Ps 18,45 5,6: Lk 10,16

10 So drängt sie die Liebe,
zum ewigen Leben voranzuschreiten.
11 Deshalb schlagen sie entschlossen den engen Weg ein,
von dem der Herr sagt:
„Eng ist der Weg, der zum Leben führt."
12 Sie leben nicht nach eigenem Gutdünken,
gehorchen nicht ihren Gelüsten und Begierden,
sondern gehen ihren Weg
nach der Entscheidung und dem Befehl eines anderen.
Sie bleiben im Kloster
und haben das Verlangen, daß ein Abt ihnen vorstehe.
13 Ohne Zweifel folgen sie auf diesem Weg
dem Herrn nach, der sagt:
"Ich bin nicht gekommen, meinen Willen zu tun,
sondern den Willen dessen, der mich gesandt hat."

14 Ein Gehorsam dieser Art ist nur dann Gott angenehm 23. Jan. 24. Mai 23. Sept.
und für die Menschen beglückend,
wenn der Befehl nicht zaghaft, nicht saumselig,
nicht lustlos oder gar mit Murren und Widerrede
ausgeführt wird.
15 Denn der Gehorsam, den man den Oberen leistet,
wird Gott erwiesen;
sagt er doch: „Wer euch hört, hört mich."
16 Die Jünger müssen ihn mit frohem Herzen leisten,
denn Gott liebt einen fröhlichen Geber.
17 Wenn aber der Jünger verdrossen gehorcht,
also nicht nur mit dem Mund,
sondern auch im Herzen murrt,
18 so findet er, selbst wenn er den Befehl ausführt,
doch kein Gefallen bei Gott,
der das Murren seines Herzens wahrnimmt.

---

5,11: Mt 7,14 5,13: Joh 6,38 5,15: Lk 10,16 5,16: 2 Kor 9,7

19 Für solches Tun empfängt er keinen Lohn,
sondern verfällt der Strafe der Murrer,
wenn er nicht Buße tut und sich bessert.

# 6

## Die Schweigsamkeit

24. Jan.
25. Mai
24. Sept.

1 Tun wir, was der Prophet sagt:
„Ich sprach, ich will auf meine Wege achten,
damit ich mich mit meiner Zunge nicht verfehle.
Ich stellte eine Wache vor meinen Mund,
ich verstummte, demütigte mich
und schwieg sogar vom Guten."
2 Hier zeigt der Prophet:
Man soll der Schweigsamkeit zuliebe
bisweilen sogar auf gute Gespräche verzichten.
Um so mehr müssen wir
wegen der Bestrafung der Sünde
von bösen Worten lassen.

3 Mag es sich also um noch so gute, heilige
und aufbauende Gespräche handeln,
vollkommenen Jüngern werde nur selten
das Reden erlaubt
wegen der Bedeutung der Schweigsamkeit.
4 Steht doch geschrieben:
„Beim vielen Reden wirst du der Sünde nicht
entgehen",

6,1: Ps 39,2-3   6,4: Spr 10,19

5 und an anderer Stelle:
„Tod und Leben stehen in der Macht der Zunge."
6 Denn Reden und Lehren kommen dem Meister zu,
Schweigen und Hören dem Jünger.

7 Muß man den Oberen um etwas bitten,
soll es in aller Demut
und ehrfürchtiger Unterordnung erbeten werden.

8 Albernheiten aber,
müßiges und zum Gelächter reizendes Geschwätz
verbannen und verbieten wir für immer und überall.
Wir gestatten nicht,
daß der Jünger zu solchem Gerede den Mund öffne.

# 7

## Die Demut

1 Laut ruft uns, Brüder, die Heilige Schrift zu: 25. Jan.
„Wer sich selbst erhöht, wird erniedrigt, 26. Mai
wer sich aber selbst erniedrigt, wird erhöht werden." 25. Sept.
2 Mit diesen Worten zeigt sie uns also,
daß jede Selbsterhöhung aus dem Stolz hervorgeht.
3 Davor hütet sich der Prophet und sagt:
„Herr, mein Herz ist nicht überheblich,
und meine Augen schauen nicht hochmütig;
ich ergehe mich nicht in Dingen,
die für mich zu hoch und zu wunderbar sind.

6,5: Spr 18,21   7,1: Lk 18,14   7,3–4: Ps 131,1.2

4 Wenn ich nicht demütig gesinnt bin
und mich selbst erhöhe, was dann?
Du behandelst mich wie ein Kind,
das die Mutter nicht mehr an die Brust nimmt."

5 Brüder, wenn wir also den höchsten Gipfel der Demut erreichen und rasch zu jener Erhöhung im Himmel gelangen wollen, zu der wir durch die Demut in diesem Leben aufsteigen,
6 dann ist durch Taten, die uns nach oben führen,
jene Leiter zu errichten, die Jakob im Traum erschienen ist.
Auf ihr sah er Engel herab- und hinaufsteigen.
7 Ganz sicher haben wir dieses Herab- und Hinaufsteigen so zu verstehen:
Durch Selbsterhöhung steigen wir hinab
und durch Demut hinauf.
8 Die so errichtete Leiter ist unser irdisches Leben.
Der Herr richtet sie zum Himmel auf,
wenn unser Herz demütig geworden ist.
9 Als Holme der Leiter bezeichnen wir
unseren Leib und unsere Seele.
In diese Holme hat Gottes Anruf
verschiedene Sprossen der Demut und Zucht eingefügt,
die wir hinaufsteigen sollen.

26. Jan.
27. Mai
26. Sept.

10 Die erste Stufe der Demut:
Der Mensch achte stets auf die Gottesfurcht
und hüte sich, Gott je zu vergessen.

7,6: s. Gen 28,12

11 Stets denke er an alles, was Gott geboten hat,
und erwäge immer bei sich,
wie das Feuer der Hölle
der Sünden wegen jene brennt,
die Gott verachten,
und wie das ewige Leben
jenen bereitet ist, die Gott fürchten.
12 Zu jeder Stunde sei er auf der Hut
vor Sünden und Fehlern,
die im Denken, Reden, Tun und Wandel
durch Eigenwillen,
aber auch durch Begierden des Fleisches geschehen.
13 Der Mensch erwäge:
Gott blickt vom Himmel zu jeder Stunde auf ihn
und sieht an jedem Ort sein Tun;
die Engel berichten ihm jederzeit davon.

14 Der Prophet weist uns darauf hin,
daß Gott unserem Denken immer gegenwärtig ist,
wenn er sagt:
„Gott prüft auf Herz und Nieren."
15 „Der Herr kennt die Gedanken der Menschen."
16 Ebenso sagt er:
„Von fern erkennst du meine Gedanken."
17 „Das Denken des Menschen liegt offen vor dir."
18 Vor seinen verkehrten Gedanken auf der Hut,
spreche der Bruder, der etwas taugt,
ständig in seinem Herzen:
„Dann bin ich makellos vor ihm,
wenn ich mich vor meiner Bosheit in acht nehme."

---

7,14: Ps 7,10 7,15: Ps 94,11 7,16: Ps 139,3 7,17: Ps 76,11
7,18: Ps 18,24

27. Jan.
28. Mai
27. Sept.

19 Den Eigenwillen zu tun, verwehrt uns die Schrift,
wenn sie sagt: „Von deinem Willen wende dich ab!“
20 Daß aber Gottes Wille in uns geschehe,
darum bitten wir ihn im Gebet.
21 Mit Recht werden wir also belehrt,
nicht unseren Willen zu tun,
sondern zu beachten, was die Schrift sagt:
„Es gibt Wege, die den Menschen richtig scheinen,
die aber am Ende in die Tiefe der Hölle hinabführen.“
22 Ebenso zittern wir vor dem Wort,
das von den Nachlässigen gesagt ist:
„Verdorben sind sie und abscheulich geworden
in ihren Gelüsten.“

28. Jan.
29. Mai
28. Sept.

23 Selbst bei den Begierden des Fleisches
ist uns Gott, so glauben wir, immer gegenwärtig.
Sagt doch der Prophet zum Herrn:
„All mein Begehren liegt offen vor dir.“
24 Nehmen wir uns deshalb vor jeder bösen Begierde
in acht;
denn der Tod steht an der Schwelle der Lust.
25 Darum gebietet die Schrift:
„Lauf deinen Begierden nicht nach!“

29. Jan.
30. Mai
29. Sept.

26 Wenn also die Augen des Herrn über Gute und
Böse wachen
27 und der Herr immer vom Himmel
auf die Menschenkinder blickt, um zu sehen,
ob noch ein Verständiger da ist, der Gott sucht,
28 und wenn die Engel, die uns zugewiesen sind,
täglich bei Tag und bei Nacht
dem Herrn über unsere Taten und Werke berichten,

---

7,19: Sir 18,30   7,20: s. Mt 6,10   7,21: Spr 16,25   7,22: Ps 14,1
7,23: Ps 38,10   7,24: Gen 4,7   7,25: Sir 18,30   7,26: Spr 15,3   7,27: Ps 14,2

29 dann, Brüder, müssen wir uns zu jeder Stunde
in acht nehmen,
damit Gott uns nicht irgendwann einmal
als abtrünnig und verdorben ansehen muß,
wie der Prophet im Psalm sagt.
30 Weil er gütig ist, schont er uns in dieser Zeit
und erwartet unsere Bekehrung zum Besseren,
damit er uns dereinst nicht sagen muß:
„Das hast du getan, und ich habe geschwiegen."

31 Die zweite Stufe der Demut: 30. Jan.
Der Mönch liebt nicht den eigenen Willen 31. Mai
und hat deshalb keine Freude daran, 30. Sept.
sein Begehren zu erfüllen.
32 Vielmehr folgt er in seinen Taten
dem Wort des Herrn, der sagt:
„Ich bin nicht gekommen, meinen Willen zu tun,
sondern den Willen dessen, der mich gesandt hat."
33 Ebenso steht geschrieben:
„Eigensinn führt zur Strafe,
Bindung erwirbt die Krone."

34 Die dritte Stufe der Demut: 31. Jan.
Aus Liebe zu Gott unterwirft sich der Mönch 1. Juni
dem Oberen in vollem Gehorsam. 1. Okt.
So ahmt er den Herrn nach,
von dem der Apostel sagt:
„Er war gehorsam bis zum Tod."

35 Die vierte Stufe der Demut: 1. Febr.
Der Mönch übt diesen Gehorsam auch dann, 2. Juni
wenn es hart und widrig zugeht. 2. Okt.

---

7,29: Ps 14,3 7,30: Ps 50,21 7,32: Joh 6,38 7,34: Phil 2,8

Sogar wenn ihm dabei noch so viel Unrecht geschieht,
schweigt er und umarmt gleichsam bewußt die Geduld.
36 Er hält aus, ohne müde zu werden
oder davonzulaufen,
sagt doch die Schrift:
„Wer bis zum Ende standhaft bleibt,
der wird gerettet."
37 Ferner: „Dein Herz sei stark und halte den Herrn aus."
38 Um zu zeigen, daß der Glaubende für den Herrn alles,
sogar Widriges aushalten muß,
sagt die Schrift durch den Mund derer, die das
erdulden:
„Um deinetwillen werden wir den ganzen Tag dem
Tode ausgesetzt,
behandelt wie Schafe, die zum Schlachten bestimmt
sind."
39 Doch zuversichtlich
und voll Hoffnung auf Gottes Vergeltung
fügen sie freudig hinzu:
„All das überwinden wir durch den,
der uns geliebt hat."
40 Und ebenso sagt die Schrift an anderer Stelle:
„Gott, du hast uns geprüft
und uns im Feuer geläutert,
wie man Silber im Feuer läutert.
Du hast uns in die Schlinge geraten lassen,
hast drückende Last unserem Rücken aufgeladen."
41 Um zu zeigen, daß wir unter einem Oberen stehen
müssen, sagt sie weiter:
„Du hast Menschen über unser Haupt gesetzt."

---

7,36: Mt 10,22 7,37: Ps 27,14 7,38: Ps 44,23 7,39: Röm 8,37
7,40: Ps 66,10-11 7,41: Ps 66,12

42 Selbst bei Widrigkeiten und Unrecht
erfüllen die Mönche in Geduld
die Weisung des Herrn:
Auf die eine Wange geschlagen,
halten sie auch die andere hin;
des Hemdes beraubt, lassen sie auch den Mantel;
zu einer Meile gezwungen, gehen sie zwei.
43 Wie der Apostel Paulus halten sie falsche Brüder aus
und segnen jene, die ihnen fluchen.

44 Die fünfte Stufe der Demut: 2. Febr.
Der Mönch bekennt demütig seinem Abt 3. Juni
alle bösen Gedanken, 3. Okt.
die sich in sein Herz schleichen,
und das Böse, das er im Geheimen begangen hat,
und er verbirgt nichts.
45 Dazu ermahnt uns die Schrift mit den Worten:
„Eröffne dem Herrn deinen Weg
und vertrau auf ihn!“
46 Sie sagt auch:
„Legt vor dem Herrn ein Bekenntnis ab;
denn er ist gut, denn seine Huld währt ewig.“
47 Ebenso sagt der Prophet:
„Mein Vergehen tat ich dir kund,
und meine Ungerechtigkeit habe ich dir nicht
verborgen.
48 Ich sagte: Vor dem Herrn will ich gegen mich
meine Schuld bekennen,
und du hast mir die Bosheit meines Herzens
vergeben.“

---

7,42: Mt 5,39-41 7,43: s. 2 Kor 11,26; s. 1 Kor 4,12 7,45: Ps 37,5
7,46: Ps 118,1 7,47: Ps 32,5

3. Febr.
4. Juni
4. Okt.

49 Die sechste Stufe der Demut:
Der Mönch ist zufrieden
mit dem Allergeringsten und Letzten
und hält sich bei allem, was ihm aufgetragen wird,
für einen schlechten und unwürdigen Arbeiter.
50 Er sagt sich mit dem Propheten:
„Zu nichts bin ich geworden und verstehe nichts;
wie ein Lasttier bin ich vor dir
und bin doch immer bei dir."

4. Febr.
5. Juni
5. Okt.

51 Die siebte Stufe der Demut:
Der Mönch erklärt nicht nur mit dem Mund,
er sei niedriger und geringer als alle,
sondern glaubt dies auch aus tiefstem Herzen.
52 Er erniedrigt sich und spricht mit dem Propheten:
„Ich aber bin ein Wurm und kein Mensch,
der Leute Spott, vom Volk verachtet.
53 Ich habe mich erhöht
und wurde erniedrigt und zunichte."
54 „Gut war es für mich, daß du mich erniedrigt hast;
so lerne ich deine Gebote."

5. Febr.
6. Juni
6. Okt.

55 Die achte Stufe der Demut:
Der Mönch tut nur das,
wozu ihn die gemeinsame Regel des Klosters
und das Beispiel der Väter mahnen.

6. Febr.
7. Juni
7. Okt.

56 Die neunte Stufe der Demut:
Der Mönch hält seine Zunge vom Reden zurück,
verharrt in der Schweigsamkeit
und redet nicht, bis er gefragt wird.

---

7,50: Ps 73,22-23   7,52: Ps 22,7   7,53: Ps 88,16   7,54: Ps 119,71.73

57 Zeigt doch die Schrift:
„Bei vielem Reden entgeht man der Sünde nicht.“
58 „Der Schwätzer hat keine Richtung auf Erden.“

59 Die zehnte Stufe der Demut: 7. Febr.
Der Mönch ist nicht leicht und schnell 8. Juni
zum Lachen bereit, 8. Okt.
steht doch geschrieben:
„Der Tor bricht in schallendes Gelächter aus.“

60 Die elfte Stufe der Demut: 8. Febr.
Der Mönch spricht, wenn er redet, 9. Juni
ruhig und ohne Gelächter, demütig und mit Würde 9. Okt.
wenige und vernünftige Worte
und macht kein Geschrei,
61 da geschrieben steht:
„Den Weisen erkennt man
an den wenigen Worten.“

62 Die zwölfte Stufe der Demut: 9. Febr.
Der Mönch sei nicht nur im Herzen demütig, 10. Juni
sondern seine ganze Körperhaltung 10. Okt.
werde zum ständigen Ausdruck seiner Demut
für alle, die ihn sehen.
63 Das heißt: Beim Gottesdienst, im Oratorium,
im Kloster, im Garten, unterwegs, auf dem Feld,
wo er auch sitzt, geht oder steht,
halte er sein Haupt immer geneigt
und den Blick zu Boden gesenkt.
64 Wegen seiner Sünden
sieht er sich zu jeder Stunde angeklagt
und schon jetzt vor das schreckliche Gericht gestellt.

---

7,57: Spr 10,19 7,58: Ps 140,12 7,59: Sir 21,23 7,61: vgl. Sir 20,5-8

65 Immer wiederhole er im Herzen
die Worte des Zöllners im Evangelium,
der die Augen zu Boden senkt und spricht:
„Herr, ich Sünder bin nicht würdig,
meine Augen zum Himmel zu erheben."
66 Und ebenso sagt er mit dem Propheten:
„Gebeugt bin ich und tief erniedrigt."

67 Wenn also der Mönch alle Stufen
auf dem Wege der Demut erstiegen hat,
gelangt er alsbald zu jener vollendeten Gottesliebe,
die alle Furcht vertreibt.
68 Aus dieser Liebe wird er alles,
was er bisher nicht ohne Angst beobachtet hat,
von nun an ganz mühelos,
gleichsam natürlich und aus Gewöhnung einhalten,
69 nicht mehr aus Furcht vor der Hölle,
sondern aus Liebe zu Christus,
aus guter Gewohnheit
und aus Freude an der Tugend.
70 Dies wird der Herr an seinem Arbeiter,
der von Fehlern und Sünden rein wird,
schon jetzt gütig durch den Heiligen Geist erweisen.

# 8

## Der Gottesdienst in der Nacht

10. Febr.
11. Juni
11. Okt.

1 Im Winter, das heißt vom ersten November bis Ostern,
soll man zur achten Stunde der Nacht aufstehen;
das entspricht vernünftiger Überlegung.

---

7,65: vgl. Lk 18,13 7,66: Ps 38,7.9; Ps 119,107 7,67: 1 Joh 4,18

2 So können die Brüder etwas länger als die halbe Nacht schlafen und dann ausgeruht aufstehen.
3 Was nach den Vigilien an Zeit noch übrigbleibt, sollen die Brüder, die es brauchen, auf das Einüben der Psalmen und Lesungen verwenden.

4 Von Ostern bis zum ersten November
werde die Stunde des Aufstehens so bestimmt:
Auf die Feier der Vigilien folgen nach einer kurzen Pause für die natürlichen Bedürfnisse der Brüder die Laudes, die bei Tagesanbruch zu halten sind.

# 9

## Die Ordnung der Vigilien im Winter

1 Im Winter 11. Febr.
singt man zuerst dreimal den Vers: 12. Juni
„Herr, öffne meine Lippen, 12. Okt.
damit mein Mund dein Lob verkünde."
2 Darauf folgen Psalm 3 und das „Ehre sei dem Vater",
3 Psalm 94, mit Antiphon
oder wenigstens einfach gesungen,
4 ein Hymnus des Ambrosius,
dann sechs Psalmen mit Antiphonen.
5 Anschließend wird der Versikel gesungen,
der Abt spricht den Segen,
und alle setzen sich auf die Bänke.

---

9,1: Ps 51,17

Aus dem Buch, das auf dem Pult liegt,
tragen die Brüder abwechselnd drei Lesungen vor;
dazwischen werden auch drei Responsorien gesungen.
6 Zwei Responsorien
singt man ohne „Ehre sei dem Vater“,
aber bei jenem nach der dritten Lesung
singt der Vorsänger das „Ehre sei dem Vater“.
7 Sobald der Vorsänger es anstimmt,
erheben sich
aus tiefer Ehrfurcht vor der heiligen Dreifaltigkeit
sofort alle von ihren Sitzen.
8 In den Vigilien lese man
die von Gott beglaubigten Bücher
des Alten und des Neuen Testamentes,
aber auch Erklärungen dazu,
die von anerkannten und rechtgläubigen
katholischen Vätern verfaßt sind.

9 Nach den drei Lesungen mit ihren Responsorien
folgen weitere sechs Psalmen,
die mit „Halleluja“ gesungen werden,
10 eine Lesung aus den Apostelbriefen,
auswendig vorgetragen,
der Versikel und das Bittgebet der Litanei,
nämlich das „Kyrie eleison“.
11 Damit sind die nächtlichen Vigilien beendet.

# 10

## Die Ordnung der Vigilien im Sommer

1 Von Ostern bis zum ersten November 12. Febr. 13. Juni 13. Okt.
wird die schon erwähnte volle Zahl der Psalmen
beibehalten.
2 Die Lesungen aus dem Buch entfallen jedoch,
weil die Nächte kurz sind;
statt der drei Lesungen
wird eine aus dem Alten Testament
auswendig vorgetragen.
Darauf folgt ein kurzes Responsorium.
3 Alles andere wird gehalten, wie bereits gesagt.
Zu den nächtlichen Vigilien werden also,
abgesehen von Psalm 3 und Psalm 94,
niemals weniger als zwölf Psalmen gesungen.

# 11

## Die Ordnung der Vigilien am Sonntag

1 Am Sonntag steht man zu den Vigilien früher auf. 13. Febr. 14. Juni 14. Okt.
2 Für diese Vigilien gilt folgende Ordnung:
Zuerst werden sechs Psalmen
und der Versikel gesungen.
Wenn hierauf alle in rechter Haltung
und Reihenfolge auf ihren Plätzen sitzen,
werden aus dem Buch vier Lesungen vorgetragen,
dazu die Responsorien.

3 Nur beim vierten Responsorium
fügt der Vorsänger das „Ehre sei dem Vater“ an;
sobald er es anstimmt,
erheben sich alle in Ehrfurcht.
4 Auf die Lesungen folgen die nächsten sechs Psalmen
mit Antiphonen wie zuvor
und der Versikel.
5 Dann liest man nach der angegebenen Ordnung
wieder vier Lesungen mit ihren Responsorien.
6 Danach werden drei Cantica aus den Propheten gesungen,
die der Abt bestimmt;
diese Cantica singt man mit „Halleluja“.
7 Nach dem Versikel und dem Segen des Abtes
werden nach der gleichen Ordnung vier Lesungen
aus dem Neuen Testament vorgetragen.
8 Nach dem vierten Responsorium
beginnt der Abt den Hymnus „Dich, Gott, loben wir“.
9 Anschließend trägt der Abt
einen Abschnitt aus dem Evangelium vor,
bei dem alle in Ehrfurcht stehen.
10 Nach dem Evangelium antworten alle: „Amen“.
Der Abt schließt sogleich
den Hymnus „Dir gebührt Lob“ an.
Nach dem Segen beginnen die Laudes.

11 Diese Ordnung der Vigilien
bleibt an allen Sonntagen gleich,
im Sommer wie im Winter.
12 Wenn man aber zu spät aufsteht, was ferne sei,
werden Lesungen oder Responsorien gekürzt.
13 Doch sorge man auf jede Weise dafür,
daß es nicht vorkommt.
Wenn es doch geschieht,
tue der, durch dessen Nachlässigkeit es verursacht wurde,
vor Gott im Oratorium geziemend Buße.

# 12

## Die Laudes am Sonntag

1 Zu den Laudes am Sonntag singt man zuerst Psalm 66 14. Febr.
ohne Antiphon und ohne Unterbrechung. 15. Juni
2 Es folgen Psalm 50 mit Halleluja, 15. Okt.
3 Psalm 117, Psalm 62,
4 der Lobpreis, die Lobpsalmen,
eine Lesung aus der Offenbarung des Johannes,
auswendig vorgetragen,
ein Responsorium, ein Hymnus des Ambrosius,
der Versikel, das Canticum aus dem Evangelium,
die Litanei und der Abschluß.

# 13

## Die Laudes an den Werktagen

1 Die Laudes an den Werktagen 15. Febr.
werden in folgender Ordnung gefeiert: 16. Juni
2 Man singt Psalm 66 ohne Antiphon 16. Okt.
wie am Sonntag, etwas langsam,
damit alle beim Psalm 50 anwesend sind.
Psalm 50 wird mit Antiphon gesungen.
3 Es folgen zwei Psalmen nach der üblichen Ordnung:
4 am Montag Psalm 5 und Psalm 35;
5 am Dienstag Psalm 42 und Psalm 56;
6 am Mittwoch Psalm 63 und Psalm 64;
7 am Donnerstag Psalm 87 und Psalm 89;
8 am Freitag Psalm 75 und Psalm 91;

9 am Samstag aber Psalm 142
und das Canticum aus dem Deuteronomium,
das in zwei „Ehre sei dem Vater" geteilt wird.
10 An den anderen Tagen singt man
je ein Canticum aus den Propheten,
wie es in der Kirche von Rom Brauch ist.
11 Darauf folgen die Lobpsalmen,
eine Lesung aus den Briefen des Apostels Paulus,
auswendig vorgetragen,
ein Responsorium, ein Hymnus des Ambrosius,
der Versikel, das Canticum aus dem Evangelium,
die Litanei und der Abschluß.

16. Febr.
17. Juni
17. Okt.

12 Die Feier von Laudes und Vesper
gehe niemals zu Ende,
ohne daß am Schluß der Obere
das Gebet des Herrn von Anfang an so spricht,
daß alle es hören können;
denn immer wieder gibt es Ärgernisse,
die wie Dornen verletzen.
13 Wenn die Brüder beten und versprechen:
„Vergib uns, wie auch wir vergeben",
sind sie durch dieses Wort gebunden
und reinigen sich von solchen Fehlern.
14 Bei den andern Gebetszeiten
wird nur der Schluß dieses Gebetes laut gesprochen,
so daß alle antworten:
„Sondern erlöse uns von dem Bösen."

---

13,13: Mt 6,12   13,14: Mt 6,13

# 14

## Die Vigilien an den Festtagen

1 An den Festen der Heiligen und an allen Feiertagen halte man es so, 17. Febr. 18. Juni 18. Okt.
wie wir es für den Sonntag bestimmt haben.
2 Nur Psalmen, Antiphonen und Lesungen
sind eigens für die Festtage ausgewählt.
Die oben angegebene Ordnung werde aber
beibehalten.

# 15

## Die Zeiten für das Halleluja

1 Vom heiligen Osterfest bis Pfingsten 18. Febr. 19. Juni 19. Okt.
wird immer wieder das Halleluja gesungen,
zu den Psalmen wie auch zu den Responsorien.
2 Von Pfingsten bis zum Beginn der Fastenzeit
singt man es jede Nacht,
aber nur zu den letzten sechs Psalmen der Vigil.
3 An allen Sonntagen außerhalb der Fastenzeit
werden die Cantica, die Laudes,
Prim, Terz, Sext und Non mit Halleluja gesungen,
die Vesper aber hat Antiphonen.
4 Die Responsorien werden nie mit Halleluja
gesungen,
außer in der Zeit vom Osterfest bis Pfingsten.

# 16

## Der Gottesdienst am Tage

19. Febr.
20. Juni
20. Okt.

1 Es gelte, was der Prophet sagt:
„Siebenmal am Tag singe ich dein Lob.“
2 Diese geheiligte Siebenzahl
wird von uns dann erfüllt,
wenn wir unseren schuldigen Dienst leisten
zur Zeit von Laudes, Prim, Terz, Sext, Non,
Vesper und Komplet;
3 denn von diesen Gebetsstunden am Tag
sagt der Prophet:
„Siebenmal am Tag singe ich dein Lob.“
4 Von den nächtlichen Vigilien sagt derselbe Prophet:
„Um Mitternacht stehe ich auf, um dich zu preisen.“

5 Zu diesen Zeiten laßt uns also unserem Schöpfer
den Lobpreis darbringen
wegen seiner gerechten Entscheide,
nämlich in Laudes, Prim, Terz, Sext, Non,
Vesper und Komplet.
Auch in der Nacht laßt uns aufstehen,
um ihn zu preisen.

---

16,1: Ps 119,164  16,3: Ps 119,164  16,4: Ps 119,62
16,5: s. Ps 119,62.164

# 17

## Die Psalmen im Gottesdienst am Tage

1 Für die Vigilien und die Laudes haben wir die Ordnung 20. Febr.
des Psalmengesanges bestimmt; 21. Juni
wenden wir uns nun den folgenden Gebetszeiten zu. 21. Okt.

2 Zur Prim singt man drei Psalmen,
und zwar einzeln,
nicht unter einem einzigen „Ehre sei dem Vater“.
3 Zuerst singt man den Vers
„O Gott, komm mir zu Hilfe“;
es folgt der Hymnus dieser Gebetszeit.
Dann beginnen die Psalmen.
4 Nach den drei Psalmen
werden eine Lesung vorgetragen,
der Versikel, das „Kyrie eleison“ und der Abschluß.

5 Die Gebetszeiten der Terz, Sext und Non
werden in der gleichen Ordnung gefeiert,
das heißt, es folgen aufeinander
der Vers, der Hymnus der Gebetszeit,
drei Psalmen, eine Lesung, der Versikel,
das „Kyrie eleison“ und der Abschluß.
6 Wenn die Gemeinschaft größer ist,
singt man die Psalmen mit Antiphonen,
ist sie kleiner, singt man sie ohne Unterbrechung.

7 Für die Feier der Vesper
werden vier Psalmen mit Antiphonen festgesetzt.

---

17,3: Ps 70,2

8 Nach den Psalmen werden eine Lesung vorgetragen, dann das Responsorium, ein Hymnus des Ambrosius, der Versikel, das Canticum aus dem Evangelium, die Litanei und als Abschluß das Gebet des Herrn.

9 Für die Komplet werden drei Psalmen festgesetzt; diese Psalmen betet man ohne Unterbrechung und ohne Antiphon.
10 Es folgen der Hymnus dieser Gebetszeit, eine Lesung, der Versikel, das „Kyrie eleison" und das Segensgebet als Abschluß.

# 18

## Die Ordnung der Psalmen

21. Febr.
22. Juni
22. Okt.

1 Als erstes wird der Vers gesungen
„O Gott, komm mir zu Hilfe;
Herr, eile mir zu helfen.
Ehre sei dem Vater."
Dann folgt der Hymnus der Gebetszeit.

2 Zur Prim am Sonntag singt man vier Abschnitte des Psalmes 118.
3 In den folgenden Gebetszeiten Terz, Sext, Non werden je drei Abschnitte dieses Psalmes 118 gesungen.

18,1: Ps 70,2

4 Zur Prim am Montag
singt man drei Psalmen,
nämlich Psalm 1, Psalm 2 und Psalm 6.
5 Auch zur Prim an den folgenden Tagen bis zum Sonntag
werden der Reihe nach je drei Psalmen gesungen
bis zu Psalm 19;
dabei werden jedoch Psalm 9 und Psalm 17 geteilt.
6 So können die Vigilien des Sonntags immer mit Psalm 20 einsetzen.

7 Zur Terz, Sext und Non des Montags 22. Febr.
werden die restlichen neun Abschnitte des Psalmes 118 gesungen, 23. Juni 23. Okt.
je drei zu jeder Gebetszeit.
8 So ist Psalm 118 auf zwei Tage verteilt,
nämlich auf Sonntag und Montag.
9 Am Dienstag werden dann zur Terz, Sext und Non
je drei Psalmen gesungen,
angefangen von Psalm 119 bis Psalm 127,
zusammen neun Psalmen.
10 Diese Psalmen werden bis zum Sonntag
jeweils bei denselben Gebetszeiten wiederholt,
wie auch die Ordnung der Hymnen, Lesungen und Versikel
an allen Tagen unverändert beibehalten wird.
11 So beginnt man am Sonntag immer mit Psalm 118.

12 Zur Vesper 23. Febr.
werden täglich vier Psalmen feierlich gesungen, 24. Juni 24. Okt.
13 angefangen von Psalm 109 bis Psalm 147;
14 ausgenommen sind Psalmen,
die schon anderen Gebetszeiten zugewiesen wurden,
nämlich die Psalmen 117 bis 127, Psalm 133
und 142.

15 Alle anderen sind zur Vesper zu singen.
16 Weil aber drei Psalmen fehlen,
sind die längeren der genannten Reihe zu teilen,
nämlich Psalm 138, Psalm 143 und Psalm 144.
17 Weil Psalm 116 kurz ist, wird er mit Psalm 115 verbunden.
18 Damit ist die Reihe der Vesperpsalmen festgelegt.
Für alles übrige gilt die oben gegebene Ordnung,
also für Lesung, Responsorium, Hymnus, Versikel und Canticum.

19 Zur Komplet
werden täglich dieselben Psalmen wiederholt,
nämlich Psalm 4, Psalm 90 und Psalm 133.

23. Febr. 20 Damit ist die Ordnung des Psalmengesangs am Tage
(24. Febr.) festgelegt.
25. Juni Die anderen Psalmen verteile man gleichmäßig
25. Okt. auf die Vigilien der sieben Nächte.
21 Dabei teilt man die längeren Psalmen
und bestimmt so zwölf für jede Nacht.

22 Wir machen ausdrücklich auf folgendes aufmerksam:
Wenn jemand mit dieser Psalmenordnung nicht einverstanden ist, stelle er eine andere auf, die er für besser hält.
23 Doch achte er unter allen Umständen darauf, daß jede Woche der ganze Psalter mit den 150 Psalmen gesungen und zu den Vigilien am Sonntag stets von vorn begonnen wird.
24 Denn Mönche, die im Verlauf einer Woche weniger singen als den ganzen Psalter mit den üblichen Cantica, sind zu träge im Dienst, den sie gelobt haben.

25 Lesen wir doch, daß unsere heiligen Väter in ihrem Eifer an einem einzigen Tag vollbracht haben, was wir in unserer Lauheit wenigstens in einer ganzen Woche leisten sollten.

# 19

## Die Haltung beim Gottesdienst

24. Febr.
(25. Febr.)
26. Juni
26. Okt.

1 Überall ist Gott gegenwärtig, so glauben wir,
und die Augen des Herrn schauen an jedem Ort
auf Gute und Böse.
2 Das wollen wir ohne jeden Zweifel
ganz besonders dann glauben,
wenn wir Gottesdienst feiern.

3 Denken wir daher immer an die Worte des Propheten:
„Dient dem Herrn in Furcht."
4 „Singt die Psalmen in Weisheit."
5 „Vor dem Angesicht der Engel will ich dir Psalmen singen."
6 Beachten wir also,
wie wir vor dem Angesicht Gottes
und seiner Engel sein müssen,
7 und stehen wir so beim Psalmensingen,
daß Herz und Stimme in Einklang sind.

19,1: Spr 15,3   19,3: Ps 2,11   19,4: Ps 47,8   19,5: Ps 138,1

# 20

## Die Ehrfurcht beim Gebet

25. Febr.
(26. Febr.)
27. Juni
27. Okt.

1 Wenn wir mächtigen Menschen etwas unterbreiten wollen,
wagen wir es nur in Demut und Ehrfurcht.
2 Um wieviel mehr müssen wir zum Herrn, dem Gott des Weltalls,
mit aller Demut und lauterer Hingabe flehen.
3 Wir sollen wissen, daß wir nicht erhört werden,
wenn wir viele Worte machen,
sondern wenn wir in Lauterkeit des Herzens
und mit Tränen der Reue beten.

4 Deshalb sei das Gebet kurz und lauter;
nur wenn die göttliche Gnade uns erfaßt und bewegt,
soll es länger dauern.
5 In der Gemeinschaft jedoch sei das Gebet
auf jeden Fall kurz,
und auf das Zeichen des Oberen hin
sollen sich alle gemeinsam erheben.

# 21

## Die Dekane des Klosters

26. Febr.
(27. Febr.)
28. Juni
28. Okt.

1 Wenn die Gemeinschaft größer ist,
sollen aus ihrer Mitte
Brüder von gutem Ruf
und vorbildlicher Lebensführung ausgewählt
und zu Dekanen bestellt werden.

2 Sie tragen in allem Sorge für ihre Dekanien
nach den Geboten Gottes
und den Weisungen ihres Abtes.
3 Als Dekane sollen nur solche ausgewählt werden,
mit denen der Abt seine Last unbesorgt teilen kann.
4 Nicht die Rangordnung sei bei der Wahl entscheidend,
sondern Bewährung im Leben
und Weisheit in der Lehre.

5 Wenn einer der Dekane Tadel verdient,
weil der Stolz ihn aufbläht,
werde er einmal, ein zweites und ein drittes Mal
zurechtgewiesen;
wenn er sich nicht bessern will, wird er abgesetzt,
6 und ein anderer, der geeignet ist,
soll an seine Stelle treten.
7 Das gleiche bestimmen wir für den Prior.

# 22

## Die Nachtruhe der Mönche

27. Febr.
(28. Febr.)
29. Juni
29. Okt.

1 Jeder soll zum Schlafen ein eigenes Bett haben.
2 Das Bettzeug erhalten die Brüder,
wie es der Lebensweise von Mönchen entspricht
und wie der Abt es ihnen zuteilt.
3 Alle schlafen – wenn möglich – in einem Raum;
läßt die große Zahl es aber nicht zu,
ruhen sie zu zehn oder zwanzig
mit den Älteren, die für sie verantwortlich sind.

4 In diesem Raum brennt ständig eine Lampe bis zum
Morgen.

5 Die Brüder schlafen angekleidet
und umgürtet mit einem Gürtel oder Strick.
Ihre Messer aber haben sie während des Schlafes
nicht an der Seite,
damit sie sich nicht etwa im Schlaf verletzen.
6 So seien die Mönche stets bereit:
Auf das Zeichen hin
sollen sie ohne Zögern aufstehen
und sich beeilen,
einander zum Gottesdienst zuvorzukommen,
jedoch mit allem Ernst und mit Bescheidenheit.

7 Die jüngeren Brüder haben ihre Betten
nicht nebeneinander,
sondern zwischen denen der älteren.
8 Wenn sie zum Gottesdienst aufstehen,
sollen sie sich gegenseitig behutsam ermuntern,
damit die Schläfrigen keine Ausrede haben.

# 23

## Das Vorgehen bei Verfehlungen

28. Febr. 1 Es kommt vor,
(29. Febr.) daß ein Bruder trotzig oder ungehorsam
30. Juni oder hochmütig ist
30. Okt. oder daß er murrt
und in einer Sache gegen die Heilige Regel
und die Weisungen seiner Vorgesetzten handelt.
Wenn er sich so als Verächter erweist,

2 werde er nach der Weisung unseres Herrn
einmal und ein zweites Mal
im geheimen von seinen Vorgesetzten ermahnt.
3 Wenn er sich nicht bessert,
werde er öffentlich vor allen zurechtgewiesen.
4 Wenn er sich aber auch so nicht bessert,
treffe ihn die Ausschließung,
falls er einsehen kann, was diese Strafe bedeutet.
5 Wenn er es aber nicht versteht,
erhalte er eine körperliche Strafe.

# 24

## Die Ausschließung bei leichten Verfehlungen

1 Nach der Schwere der Schuld muß sich das Maß 1. März
von Ausschließung und Bestrafung richten. 1. Juli
31. Okt.
2 Es steht dem Abt zu,
die Schwere der Schuld zu beurteilen.

3 Wenn nun bei einem Bruder eine leichte Schuld
festgestellt wird,
werde er von der Teilnahme an der Mahlzeit
ausgeschlossen.

4 Für den, der von der Tischgemeinschaft ausgeschlossen
ist, gilt folgendes Verfahren:
Im Oratorium darf er weder einen Psalm
noch eine Antiphon vorsingen
und keine Lesung vortragen, bis die Buße geleistet ist.

---

23,2: s. Mt 18,15-17

5 Sein Essen erhalte er für sich allein
nach der Mahlzeit der Brüder;
6 wenn die Brüder zum Beispiel zur sechsten Stunde essen,
dann jener Bruder zur neunten;
wenn die Brüder zur neunten Stunde essen,
dann jener am Abend;
7 dies gilt so lange,
bis er durch angemessene Buße Verzeihung erlangt hat.

# 25

## Die Ausschließung bei schweren Verfehlungen

2. März
2. Juli
1. Nov.

1 Der Bruder, auf dem eine schwere Schuld lastet,
werde vom Tisch und vom Oratorium ausgeschlossen.

2 Keiner der Brüder darf mit ihm in Verbindung treten oder mit ihm reden.
3 Bei der aufgetragenen Arbeit sei er allein.
Er verharre in Trauer und Buße
und denke an das furchterregende Wort des Apostels:
4 „Ein solcher Mensch ist dem Untergang des Fleisches ausgeliefert, damit der Geist gerettet wird für den Tag des Herrn."
5 Sein Essen erhalte er für sich allein;
der Abt bestimmt für ihn Maß und Stunde.
6 Von denen, die vorbeigehen, wird er nicht gegrüßt,
und das Essen, das man ihm gibt, wird nicht gesegnet.

25,4: 1 Kor 5,5

# 26

## Unerlaubter Umgang mit Ausgeschlossenen

1 Wenn ein Bruder sich herausnimmt, 3. März
ohne Erlaubnis des Abtes 3. Juli
mit dem ausgeschlossenen Bruder 2. Nov.
irgendwie in Verbindung zu treten,
mit ihm zu sprechen
oder ihm einen Auftrag zu übermitteln,
2 treffe ihn die gleiche Strafe der Ausschließung.

# 27

## Die Sorge des Abtes für die Ausgeschlossenen

1 Mit größter Sorge 4. März
muß der Abt sich um die Brüder kümmern, 4. Juli
die sich verfehlen, 3. Nov.
denn nicht die Gesunden brauchen den Arzt,
sondern die Kranken.

2 Daher muß der Abt in jeder Hinsicht
wie ein weiser Arzt vorgehen.
Er schicke Senpekten, das heißt ältere weise Brüder.
3 Diese sollen den schwankenden Bruder
im persönlichen Gespräch trösten
und ihn zu Demut und Buße bewegen.
Sie sollen ihn trösten,
damit er nicht in zu tiefe Traurigkeit versinkt.

---

27,1: Mt 9,12 27,3: 2 Kor 2,7

4 Es gelte, was der Apostel sagt:
„Die Liebe zu ihm soll erstarken."
Alle sollen für ihn beten.

5 Der Abt muß sich sehr darum sorgen
und mit Gespür und großem Eifer danach streben,
daß er keines der ihm anvertrauten Schafe verliert.
6 Er sei sich bewußt,
daß er die Sorge für gebrechliche Menschen
übernommen hat,
nicht die Gewaltherrschaft über gesunde.
7 Er fürchte das Drohwort des Propheten,
durch das Gott sagt:
„Was fett schien, habt ihr euch genommen,
was schwach war, habt ihr weggestoßen."

8 Er ahme den Guten Hirten
mit seinem Beispiel der Liebe nach:
Neunundneunzig Schafe
ließ er in den Bergen zurück
und machte sich auf,
um das eine verirrte Schaf zu suchen.
9 Mit dessen Schwäche hatte er so viel Mitleid,
daß er es auf seine heiligen Schultern nahm
und so zur Herde zurücktrug.

---

27,4: 2 Kor 2,8   27,7: Ez 34,3-4   27,8: s. Lk 15,4-5

# 28

## Die Unverbesserlichen

5. März
5. Juli
4. Nov.

1 Wenn ein Bruder öfter für ein Vergehen zurechtgewiesen
und wenn er sogar ausgeschlossen wurde,
sich aber nicht gebessert hat,
verschärfe man die Strafe,
das heißt, er erhalte noch Rutenschläge.
2 Wenn er sich aber auch so nicht bessert
oder wenn er gar, was ferne sei, stolz und überheblich
sein Verhalten verteidigen will,
dann handle der Abt wie ein weiser Arzt.
3 Er wende zuerst lindernde Umschläge
und Salben der Ermahnungen an,
dann die Arzneien der Heiligen Schrift
und schließlich wie ein Brenneisen
Ausschließung und Rutenschläge.
4 Wenn er dann sieht, daß seine Mühe keinen Erfolg hat,
greife er zu dem, was noch stärker wirkt:
Er und alle Brüder beten für den kranken Bruder,
5 daß der Herr, der alles vermag,
ihm die Heilung schenkt.
6 Wenn er sich aber auch so nicht heilen läßt,
dann erst setze der Abt das Messer zum Abschneiden an.
Es gelte, was der Apostel sagt:
„Schafft den Übeltäter weg aus eurer Mitte."
7 Und an anderer Stelle:
„Wenn der Ungläubige gehen will, soll er gehen."
8 Ein räudiges Schaf soll nicht die ganze Herde anstecken.

---

28,6: 1 Kor 5,13   28,7: 1 Kor 7,15

# 29

## Die Wiederaufnahme von Brüdern

6. März
6. Juli
5. Nov.

1 Es kann sein,
daß ein Bruder eigenmächtig das Kloster verläßt
und später wieder zurückkehren will.
In diesem Fall verspreche er zuerst
gründliche Besserung von dem Fehlverhalten,
das zum Austritt geführt hat.
2 Danach werde er aufgenommen,
aber als letzter eingereiht;
dadurch wird seine Demut geprüft.
3 Wenn er wieder austritt,
werde er noch zweimal in dieser Weise
aufgenommen.
Er muß aber wissen,
daß es danach für ihn keine Rückkehr mehr gibt.

# 30

## Die Strafe bei Mangel an Einsicht

7. März
7. Juli
6. Nov.

1 Nach Alter und Einsicht
muß es unterschiedliche Maßstäbe geben.

2 Daher gelte:
Knaben und Jugendliche oder andere,
die nicht recht einsehen können,
was die Ausschließung als Strafe bedeutet,

3 sollen für Verfehlungen
mit strengem Fasten
oder mit kräftigen Rutenschlägen bestraft werden.
Sie sollen dadurch geheilt werden.

# 31

## Der Cellerar des Klosters

1 Als Cellerar des Klosters werde aus der Gemeinschaft 8. März
ein Bruder ausgewählt, 8. Juli
der weise ist, 7. Nov.
reifen Charakters
und nüchtern.
Er sei nicht maßlos im Essen,
nicht überheblich,
nicht stürmisch,
nicht verletzend,
nicht umständlich
und nicht verschwenderisch.
2 Vielmehr sei er gottesfürchtig
und der ganzen Gemeinschaft wie ein Vater.

3 Er trage Sorge für alles.
4 Ohne die Weisung des Abtes tue er nichts;
5 an seine Aufträge halte er sich.

6 Er mache die Brüder nicht traurig.
7 Falls ein Bruder unvernünftig etwas fordert,
kränke er ihn nicht durch Verachtung,
sondern schlage ihm die unangemessene Bitte
vernünftig und mit Demut ab.

8 Er wache über seine Seele
und denke immer an das Apostelwort:
„Wer seinen Dienst gut versieht,
erlangt einen hohen Rang."
9 Um Kranke, Kinder, Gäste und Arme
soll er sich mit großer Sorgfalt kümmern;
er sei fest davon überzeugt:
Für sie alle muß er am Tag des Gerichtes
Rechenschaft ablegen.

10 Alle Geräte und den ganzen Besitz des Klosters
betrachte er als heiliges Altargerät.
11 Nichts darf er vernachlässigen.
12 Er sei weder der Habgier
noch der Verschwendung ergeben.
Er vergeude nicht das Vermögen des Klosters,
sondern tue alles mit Maß
und nach Weisung des Abtes.

9. März
9. Juli
8. Nov.

13 Vor allem habe er Demut.
Kann er einem Bruder nichts geben,
dann schenke er ihm wenigstens ein gutes Wort.
14 Es steht ja geschrieben:
„Ein gutes Wort geht über die beste Gabe."

15 Alles, was der Abt ihm zuweist,
übernehme er in seine Verantwortung;
was er ihm aber verwehrt,
maße er sich nicht an.
16 Den Brüdern gebe er das festgesetzte Maß
an Speise und Trank

---

31,8: 1 Tim 3,13   31,14: Sir 18,17

ohne jede Überheblichkeit oder Verzögerung,
damit sie nicht Anstoß nehmen.
Er denke daran, was nach Gottes Wort der verdient,
der einem von den Kleinen Ärgernis gibt.

17 In größeren Gemeinschaften gebe man ihm Helfer.
Mit ihrer Unterstützung kann er
das ihm anvertraute Amt
mit innerer Ruhe verwalten.
18 Zur bestimmten Stunde werde gegeben,
was zu geben ist,
und erbeten, was zu erbitten ist;
19 denn niemand soll verwirrt und traurig werden
im Hause Gottes.

# 32

## Werkzeug und Gerät des Klosters

1 Den Besitz des Klosters, 10. März
nämlich Werkzeug, Kleidung und alle anderen Dinge, 10. Juli
vertraue der Abt Brüdern an, 9. Nov.
auf deren Lebensweise und Charakter
er sich verlassen kann.
2 Nach seinem Ermessen übergebe er ihnen alle Gegenstände,
die sie verwahren und wieder einfordern sollen.

31,16: s. Mt 18,6

3 Der Abt führe ein Verzeichnis all dieser Dinge.
So weiß er, was er gibt und was er zurückerhält,
wenn die Brüder einander in den zugewiesenen
Aufgaben ablösen.

4 Wenn einer die Sachen des Klosters verschmutzen läßt
oder nachlässig behandelt,
werde er getadelt.
5 Wenn er sich nicht bessert,
treffe ihn die von der Regel vorgesehene Strafe.

# 33

## Eigenbesitz des Mönches

11. März
11. Juli
10. Nov.

1 Vor allem dieses Laster muß mit der Wurzel
aus dem Kloster ausgerottet werden.
2 Keiner maße sich an, ohne Erlaubnis des Abtes
etwas zu geben oder anzunehmen.
3 Keiner habe etwas als Eigentum,
überhaupt nichts,
kein Buch, keine Schreibtafel, keinen Griffel –
gar nichts.
4 Den Brüdern ist es ja nicht einmal erlaubt,
nach eigener Entscheidung
über ihren Leib und ihren Willen zu verfügen.
5 Alles Notwendige dürfen sie aber
vom Vater des Klosters erwarten,
doch ist es nicht gestattet, etwas zu haben,
was der Abt nicht gegeben oder erlaubt hat.

6 „Alles sei allen gemeinsam“,
wie es in der Schrift heißt,
damit keiner etwas als sein Eigentum bezeichnen
oder beanspruchen kann.

7 Stellt es sich heraus,
daß einer an diesem sehr schlimmen Laster Gefallen
findet,
werde er einmal und ein zweites Mal ermahnt.
8 Wenn er sich nicht bessert,
treffe ihn eine Strafe.

# 34

## Die Zuteilung des Notwendigen

1 Man halte sich an das Wort der Schrift: 12. März
„Jedem wurde so viel zugeteilt, wie er nötig hatte.“ 12. Juli
2 Damit sagen wir nicht, 11. Nov.
daß jemand wegen seines Ansehens
bevorzugt werden soll, was ferne sei.
Wohl aber nehme man Rücksicht auf Schwächen.
3 Wer weniger braucht,
danke Gott
und sei nicht traurig.
4 Wer mehr braucht,
werde demütig wegen seiner Schwäche
und nicht überheblich
wegen der ihm erwiesenen Barmherzigkeit.

---

33,6: Apg 4,32   34,1: Apg 4,35

5 So werden alle Glieder der Gemeinschaft
im Frieden sein.

6 Vor allem darf niemals das Laster des Murrens
aufkommen,
in keinem Wort und keiner Andeutung,
was auch immer als Anlaß vorliegen mag.
7 Wird einer dabei ertappt,
treffe ihn eine schärfere Strafe.

# 35

## Der wöchentliche Dienst in der Küche

13. März
13. Juli
12. Nov.

1 Die Brüder sollen einander dienen.
Keiner werde vom Küchendienst ausgenommen,
es sei denn, er wäre krank oder
durch eine dringende Angelegenheit beansprucht;
2 denn dieser Dienst bringt großen Lohn
und läßt die Liebe wachsen.
3 Den Schwachen aber gebe man Hilfe,
damit sie ihren Dienst verrichten,
ohne traurig zu werden.
4 Überhaupt sollen alle je nach Größe der Gemeinschaft
und nach den örtlichen Verhältnissen
Hilfe bekommen.
5 Ist die Gemeinschaft größer,
sei der Cellerar vom Küchendienst ausgenommen,
ebenso wer, wie gesagt,
durch wichtigere Angelegenheiten beansprucht ist.
6 Die übrigen Brüder sollen einander in Liebe dienen.

7 Wer den Wochendienst beendet,
soll am Samstag alles reinigen
8 und die Tücher waschen,
mit denen sich die Brüder Hände und Füße
abtrocknen.
9 Die Brüder, die den Wochendienst beginnen
und die ihn beenden, sollen allen die Füße waschen.
10 Die benutzten Geräte
sollen dem Cellerar sauber und unbeschädigt
zurückgegeben werden.
11 Der Cellerar aber übergebe sie dem weiter,
der den Dienst antritt.
So weiß er, was er gibt und was er zurückerhält.

12 Die Wochendiener sollen (an Fasttagen) 14. März
vor der einzigen Mahlzeit 14. Juli
über das festgesetzte Maß hinaus 13. Nov.
etwas zu trinken und Brot erhalten,
13 damit sie ihren Brüdern zur Stunde der Mahlzeit
ohne Murren und besondere Mühe dienen können.
14 An Festtagen aber müssen sie bis zum Schluß
warten.

15 Die Brüder, die den Wochendienst beginnen
und die ihn beenden,
sollen sich am Sonntag gleich nach dem Morgenlob
im Oratorium tief vor allen verbeugen
und um das Gebet für sich bitten.
16 Wer den Wochendienst beendet,
spreche folgenden Vers:
„Gepriesen bist du, Herr und Gott,
du hast mir geholfen und mich getröstet."

---

35,16: Dan 3,52; Ps 86,17

17 Hat er dreimal so gesprochen
und den Segen zum Abschluß seines Dienstes empfangen,
folgt, wer den Dienst beginnt, und spricht:
„O Gott, komm mir zu Hilfe,
Herr, eile mir zu helfen.“
18 Auch diesen Vers wiederholen alle dreimal;
dann empfängt der Bruder den Segen und beginnt seinen Dienst.

# 36

## Die kranken Brüder

15. März
15. Juli
14. Nov.

1 Die Sorge für die Kranken
muß vor und über allem stehen:
man soll ihnen so dienen,
als wären sie wirklich Christus;
2 hat er doch gesagt:
„Ich war krank, und ihr habt mich besucht“,
3 und: „Was ihr einem dieser Geringsten getan habt,
das habt ihr mir getan.“
4 Aber auch die Kranken mögen bedenken,
daß man ihnen dient, um Gott zu ehren;
sie sollen ihre Brüder, die ihnen dienen,
nicht durch übertriebene Ansprüche traurig machen.
5 Doch auch solche Kranke müssen in Geduld ertragen werden;
denn durch sie erlangt man größeren Lohn.

35,17: Ps 70,2 36,2: Mt 25,36 36,3: Mt 25,40

6 Daher sei es eine Hauptsorge des Abtes,
daß sie unter keiner Vernachlässigung zu leiden haben.

7 Die kranken Brüder sollen einen eigenen Raum haben
und einen Pfleger, der Gott fürchtet
und ihnen sorgfältig und eifrig dient.
8 Man biete den Kranken, sooft es ihnen guttut,
ein Bad an;
den Gesunden jedoch und vor allem den Jüngeren
erlaube man es nicht so schnell.
9 Die ganz schwachen Kranken dürfen außerdem
zur Wiederherstellung ihrer Gesundheit Fleisch essen.
Doch sobald es ihnen besser geht,
sollen sie alle nach allgemeinem Brauch
auf Fleisch verzichten.

10 Der Abt sehe es als eine Hauptsorge an,
daß die Kranken weder vom Cellerar
noch von den Pflegern vernachlässigt werden.
Auf ihn fällt zurück, was immer die Jünger
verschulden.

# 37

## Alte und Kinder

1 Zwar neigt der Mensch schon von Natur aus 16. März
zu barmherziger Rücksicht 16. Juli
auf die Lage der Alten und der Kinder; 15. Nov.
doch soll auch durch die Autorität der Regel
für sie gesorgt sein.

2 Immer achte man auf ihre Schwäche.
Für ihre Nahrung darf die Strenge der Regel
keinesfalls gelten.
3 Vielmehr schenke man ihnen Güte und Verständnis;
sie dürfen schon vor der festgesetzten Zeit essen.

# 38

## Der wöchentliche Dienst des Tischlesers

17. März
17. Juli
16. Nov.

1 Beim Tisch der Brüder darf die Lesung nicht fehlen.
Doch soll nicht der Nächstbeste
nach dem Buch greifen und lesen,
sondern der vorgesehene Leser beginne am Sonntag
seinen Dienst für die ganze Woche.
2 Wer den Dienst antritt,
erbitte nach der Messe und der Kommunion
das Gebet aller,
damit Gott den Geist der Überheblichkeit
von ihm fernhalte.
3 Daher beten alle im Oratorium dreimal
folgenden Vers, den der Leser anstimmt:
„Herr, öffne meine Lippen,
damit mein Mund dein Lob verkünde."
4 So erhält er den Segen
und beginnt dann seinen Dienst als Leser.
5 Es herrsche größte Stille.
Kein Flüstern und kein Laut sei zu hören,
nur die Stimme des Lesers.

38,3: Ps 51,17

6 Was sie aber beim Essen und Trinken brauchen,
sollen die Brüder einander so reichen,
daß keiner um etwas bitten muß.
7 Fehlt trotzdem etwas, erbitte man es
eher mit einem vernehmbaren Zeichen
als durch ein Wort.
8 Niemand nehme sich heraus,
bei Tisch Fragen über die Lesung
oder über etwas anderes zu stellen,
damit es keine Gelegenheit zum Unfrieden gibt.
9 Doch der Obere kann zur Erbauung kurz etwas sagen.

10 Der Tischleser der Woche
erhält vor Beginn der Lesung etwas Mischwein,
und zwar wegen der heiligen Kommunion;
auch soll ihm das Fasten nicht zu schwer werden.
11 Nachher ißt er mit denen,
die in der Küche oder anderswo
ihren Wochendienst haben.
12 Die Brüder dürfen übrigens
nicht der Reihe nach vorlesen oder vorsingen,
sondern nur, wenn sie die Zuhörer erbauen.

# 39

## Das Maß der Speise

1 Nach unserer Meinung dürften für die tägliche Hauptmahlzeit, 18. März 18. Juli 17. Nov.
ob zur sechsten oder neunten Stunde,
für jeden Tisch
mit Rücksicht auf die Schwäche einzelner
zwei gekochte Speisen genügen.

2 Wer etwa von der einen Speise nicht essen kann,
dem bleibt zur Stärkung die andere.
3 Zwei gekochte Speisen sollen also für alle Brüder
genug sein.
Gibt es Obst oder frisches Gemüse,
reiche man es zusätzlich.
4 Ein reichlich bemessenes Pfund Brot genüge für den Tag,
ob man nur eine Mahlzeit hält
oder Mittag- und Abendessen einnimmt.
5 Essen die Brüder auch am Abend,
hebe der Cellerar ein Drittel dieses Pfundes auf,
um es ihnen beim Abendtisch zu geben.

6 War die Arbeit einmal härter,
liegt es im Ermessen und in der Zuständigkeit
des Abtes,
etwas mehr zu geben, wenn es guttut.
7 Doch muß vor allem Unmäßigkeit vermieden werden;
und nie darf sich bei einem Mönch Übersättigung
einschleichen.
8 Denn nichts steht so im Gegensatz zu einem Christen
wie Unmäßigkeit,
9 sagt doch unser Herr: „Nehmt euch in acht,
daß nicht Unmäßigkeit euer Herz belaste."

10 Knaben erhalten nicht die gleiche Menge wie
Erwachsene,
sondern weniger.
In allem achte man auf Genügsamkeit.
11 Auf das Fleisch vierfüßiger Tiere sollen alle
verzichten,
außer die ganz schwachen Kranken.

---

39,9: Lk 21,34

# 40

## Das Maß des Getränkes

1 Jeder hat seine Gnadengabe von Gott, 19. März
der eine so, der andere so. 19. Juli
2 Deshalb bestimmen wir nur mit einigen Bedenken 18. Nov.
das Maß der Nahrung für andere.
3 Doch mit Rücksicht auf die Bedürfnisse der Schwachen meinen wir,
daß für jeden täglich eine Hemina Wein genügt.
4 Wem aber Gott die Kraft zur Enthaltsamkeit gibt,
der wisse, daß er einen besonderen Lohn empfangen wird.

5 Ob ungünstige Ortsverhältnisse,
Arbeit oder Sommerhitze mehr erfordern,
steht im Ermessen des Oberen.
Doch achte er darauf,
daß sich nicht Übersättigung oder Trunkenheit einschleichen.
6 Zwar lesen wir, Wein passe überhaupt nicht für Mönche.
Aber weil sich die Mönche heutzutage davon nicht überzeugen lassen,
sollten wir uns wenigstens darauf einigen,
nicht bis zum Übermaß zu trinken,
sondern weniger.
7 Denn der Wein bringt sogar die Weisen zu Fall.

---

40,1: 1 Kor 7,7  40,7: Sir 19,2

8 Wo aber ungünstige Ortsverhältnisse
es mit sich bringen,
daß nicht einmal das oben angegebene Maß,
sondern viel weniger
oder überhaupt nichts zu bekommen ist,
sollen Brüder, die dort wohnen,
Gott preisen und nicht murren.
9 Dazu mahnen wir vor allem:
Man unterlasse das Murren.

# 41

## Die Mahlzeiten

20. März
20. Juli
19. Nov.

1 Vom heiligen Osterfest bis Pfingsten
halten die Brüder zur sechsten Stunde
die Hauptmahlzeit
und nehmen am Abend eine Stärkung zu sich.

2 Doch von Pfingsten an sollen die Mönche
während des ganzen Sommers am Mittwoch und Freitag
bis zur neunten Stunde fasten,
wenn sie keine Feldarbeit haben
und die Sommerhitze nicht zu sehr drückt.
3 An den übrigen Tagen
nehmen sie die Hauptmahlzeit zur sechsten Stunde ein.
4 Die sechste Stunde für die Hauptmahlzeit wird auch beibehalten,
wenn die Brüder auf dem Felde arbeiten
oder die Sommerhitze unerträglich ist;
der Abt sorge dafür.

5 Überhaupt regle und ordne er alles so,
daß es den Brüdern zum Heil dient
und sie ohne einen berechtigten Grund zum Murren
ihre Arbeit tun können.

6 Vom 13. September bis zum Beginn der Fastenzeit
essen sie nur zur neunten Stunde.
7 Vom Beginn der Fastenzeit bis Ostern
halten sie die Mahlzeit erst am Abend.
8 Die Vesper aber wird so angesetzt,
daß man bei Tisch kein Lampenlicht braucht.
Vielmehr muß alles noch bei Tageslicht fertig werden.
9 Auch zu anderen Jahreszeiten werde die Stunde
für das Abendessen oder für die Hauptmahlzeit
so gewählt,
daß alles bei Tageslicht geschehen kann.

# 42

## Das Schweigen nach der Komplet

1 Immer müssen sich die Mönche mit Eifer um das Schweigen bemühen, 21. März 21. Juli 20. Nov.
ganz besonders aber während der Stunden der Nacht.
2 Daher treffen wir eine Regelung für das ganze Jahr,
sowohl für Fasttage wie für Tage ohne Fasten.

3 An Tagen mit Mittag- und Abendessen gilt:
Sobald man vom Abendessen aufgestanden ist,
setzen sich alle zusammen.
Dann lese einer die „Unterredungen",
die „Lebensbeschreibungen der Väter"
oder sonst etwas vor, das die Hörer erbaut,

4 nicht aber den Heptateuch oder die Bücher der Könige,
denn für weniger gefestigte Brüder ist es nicht gut,
wenn sie zur Abendstunde diese Schriften hören;
zu anderer Zeit aber soll man sie lesen.

5 An Fasttagen dagegen gilt:
Nach der Feier der Vesper und einer kurzen Pause
begibt man sich, wie schon gesagt,
zur Lesung der „Unterredungen“.
6 Man lese vier oder fünf Blätter,
soviel die Zeit eben erlaubt.
7 So können während dieser Lesung alle
zusammenkommen,
auch wenn sie noch mit zugewiesenen Arbeiten
beschäftigt waren.
8 Sind alle versammelt, halten sie die Komplet.
Wenn sie dann aus der Komplet kommen,
gebe es für keinen mehr die Erlaubnis,
irgend etwas zu reden.
9 Findet sich einer,
der diese Regel des Schweigens übertritt,
werde er schwer bestraft,
10 ausgenommen, das Reden sei wegen der Gäste nötig,
oder der Abt gebe jemandem einen Auftrag.
11 Aber auch dann geschehe es mit großem Ernst
und vornehmer Zurückhaltung.

# 43

## Die Bußen für Unpünktlichkeit

1 Hört man das Zeichen zum Gottesdienst, 22. März 22. Juli 21. Nov.
lege man sofort alles aus der Hand
und komme in größter Eile herbei,
2 allerdings mit Ernst,
um nicht Anlaß zu Albernheiten zu geben.
3 Dem Gottesdienst soll nichts vorgezogen werden.

4 Kommt einer zu den Vigilien
erst nach dem „Ehre sei dem Vater" des Psalmes 94,
der deswegen sehr langsam und gedehnt zu singen ist,
darf er nicht an seinem Platz im Chor stehen.
5 Vielmehr stehe er als letzter von allen
oder auf dem Platz,
den der Abt für so Nachlässige abseits bestimmt hat,
damit sie von ihm und von allen gesehen werden.
6 Dort bleibe er,
bis er am Schluß des Gottesdienstes
öffentlich Buße getan hat.
7 Wir lassen die unpünktlichen Brüder
bewußt auf dem letzten Platz oder abseits stehen,
damit sie von allen gesehen werden,
sich schämen und deshalb sich bessern.
8 Bleiben sie nämlich außerhalb des Oratoriums,
könnte sich vielleicht einer wieder schlafen legen
oder sogar sich draußen hinsetzen
und sich Zeit nehmen für Geschwätz;
so gibt er dem Bösen Gelegenheit zur Versuchung.
9 Sie sollen vielmehr hereinkommen,
damit sie nicht alles versäumen
und sich in Zukunft bessern.

10 Kommt einer zum Gottesdienst der Gebetszeiten am Tage erst nach dem Vers und nach dem „Ehre sei dem Vater“ des anschließenden ersten Psalmes, stehe er nach der obigen Vorschrift auf dem letzten Platz.
11 Er nehme sich nicht heraus, sich vor einer Buße
dem Chor der psalmensingenden Brüder anzuschließen,
außer der Abt ist nachsichtig und erlaubt es;
12 selbst dann muß der Schuldige Buße tun.

23. März 13 Kommt einer zu Tisch nicht vor dem Vers
23. Juli – denn alle sollen gemeinsam den Vers singen und beten
22. Nov. und sich zusammen zu Tisch setzen –,
14 werde er dafür bis zu zweimal gerügt,
wenn er aus Nachlässigkeit oder eigener Schuld
nicht pünktlich kommt.
15 Bessert er sich wieder nicht,
versage man ihm die Teilnahme am gemeinsamen Tisch.
16 Getrennt von der Gemeinschaft aller Brüder, esse er allein.
Auch sein Anteil an Wein werde ihm genommen,
bis er Buße tut und sich bessert.
17 Ebenso werde auch der bestraft,
der beim Vers nach dem Essen nicht da ist.

18 Keiner darf sich herausnehmen,
vor oder nach der festgesetzten Zeit
eigenmächtig etwas zu essen oder zu trinken.
19 Weigert sich einer anzunehmen,
was der Obere ihm angeboten hat,
dann soll er überhaupt nichts erhalten,
wenn er zu einer anderen Zeit verlangt,
was er vorher ausgeschlagen hat,
oder wenn er sonst etwas haben will.
Das gilt, bis er sich entsprechend gebessert hat.

# 44

## Die Bußen der Ausgeschlossenen

1 Wer für ein schweres Vergehen vom Oratorium 24. März
und vom Tisch ausgeschlossen ist, 24. Juli
werfe sich am Ende der gottesdienstlichen Feier 23. Nov.
vor der Tür des Oratoriums zu Boden.
Ohne etwas zu sagen, mit dem Gesicht zur Erde
2 soll er dort zu Füßen aller liegen,
die aus dem Oratorium kommen.
3 Das tue er solange,
bis der Abt entscheidet, daß es genügt.
4 Sobald der Abt ihn rufen läßt und er hereinkommt,
werfe er sich dem Abt und dann allen zu Füßen,
damit sie für ihn beten.
5 Dann werde er auf Geheiß des Abtes
wieder in den Chor aufgenommen,
und zwar an dem Platz, den der Abt bestimmt.
6 Doch darf er ohne erneute Erlaubnis des Abtes
noch keinen Psalm, keine Lesung oder sonst etwas
im Oratorium vortragen.
7 Bei allen Gebetszeiten werfe er sich am Ende des Gottesdienstes an seinem Platz zu Boden.
8 So tue er Buße,
bis der Abt ihm befiehlt, diese zu beenden.

9 Wer aber für ein leichtes Vergehen
nur vom Tisch ausgeschlossen ist,
soll im Oratorium Buße tun,
solange der Abt es befiehlt.
10 Das muß er tun,
bis der Abt den Segen gibt und sagt: Genug.

# 45

## Die Bußen für Fehler im Oratorium

25. März
25. Juli
24. Nov.

1 Wer beim Vortrag eines Psalmes,
eines Responsoriums,
einer Antiphon oder einer Lesung
einen Fehler macht
und sich nicht gleich vor allen demütigt
und so Buße tut,
den treffe eine schwerere Strafe.
2 Denn er wollte nicht durch Demut
wiedergutmachen,
was er durch Nachlässigkeit verschuldet hatte.
3 Knaben aber erhalten für eine solche Verfehlung
Rutenschläge.

# 46

## Die Bußen für andere Verfehlungen

26. März
26. Juli
25. Nov.

1 Wenn jemand bei irgendeiner Arbeit,
in der Küche, im Vorratsraum,
bei einem Dienst, in der Bäckerei, im Garten,
bei der Ausübung eines Handwerks
oder sonst irgendwo einen Fehler macht
2 oder etwas zerbricht oder verliert
oder irgendwo etwas anderes verschuldet
3 und nicht unverzüglich kommt,
um von sich aus vor Abt und Gemeinschaft
Buße zu tun und seinen Fehler zu bekennen,

4 sondern wenn sein Fehler durch einen anderen
bekannt wird,
dann treffe ihn eine schwerere Strafe.

5 Handelt es sich aber um eine in der Seele
verborgene Sünde,
eröffne er sie nur dem Abt
oder einem der geistlichen Väter,
6 der es versteht,
eigene und fremde Wunden zu heilen,
ohne sie aufzudecken und bekanntzumachen.

# 47

## Das Zeichen zum Gottesdienst

1 Die Zeit zum Gottesdienst am Tage und in der Nacht 27. März
anzukündigen sei Sorge des Abtes. 27. Juli
Er gebe selbst das Zeichen oder übertrage die Sorge dafür 26. Nov.
einem gewissenhaften Bruder, damit alles zur rechten Zeit
geschieht.

2 Psalmen und Antiphonen sollen nach dem Abt
die Brüder, denen es aufgetragen wird,
nach ihrer Rangordnung vortragen.
3 Keiner aber nehme sich heraus,
zu singen oder zu lesen,
wenn er diese Aufgabe nicht so erfüllen kann,
daß die Hörer erbaut werden.
4 Es geschehe mit Demut, Ernst und Ehrfurcht
und im Auftrag des Abtes.

# 48

## Die Ordnung für Handarbeit und Lesung

28. März
28. Juli
27. Nov.

1 Müßiggang ist der Seele Feind.
Deshalb sollen die Brüder
zu bestimmten Zeiten mit Handarbeit,
zu bestimmten Stunden mit heiliger Lesung
beschäftigt sein.
2 Und so meinen wir, durch folgende Verfügung
die Zeit für beides ordnen zu können:
3 Von Ostern bis zum 1. Oktober
verrichten sie morgens nach der Prim
bis ungefähr zur vierten Stunde
die notwendigen Arbeiten.
4 Von der vierten Stunde aber bis zur Sext
sollen sie frei sein für die Lesung.
5 Nach der Sext und der Mahlzeit
sollen sie unter völligem Schweigen auf ihren
Betten ruhen.
Will aber einer für sich lesen,
dann lese er so, daß er keinen anderen stört.
6 Die Non werde früher gehalten,
zur Mitte der achten Stunde;
dann gehen sie bis zur Vesper wieder an ihre Arbeit.

7 Wenn es die Ortsverhältnisse
oder die Armut fordern,
daß sie die Ernte selber einbringen,
sollen sie nicht traurig sein.
8 Sie sind dann wirklich Mönche,
wenn sie wie unsere Väter und die Apostel
von ihrer Hände Arbeit leben.
9 Alles aber geschehe der Kleinmütigen wegen
maßvoll.

10 Vom 1. Oktober bis zum Beginn der Fastenzeit 29. März
sollen sie bis zum Ende der zweiten Stunde 29. Juli
für die Lesung frei sein. 28. Nov.
11 Zur zweiten Stunde werde die Terz gehalten.
Bis zur neunten Stunde verrichten alle die Arbeit,
die ihnen aufgetragen ist.
12 Beim ersten Zeichen zur Non breche jeder seine Arbeit ab,
um bereit zu sein, wenn das zweite Zeichen gegeben wird.
13 Nach dem Essen sollen sie für ihre Lesung
oder für die Psalmen frei sein.

14 In den Tagen der Fastenzeit aber
sollen sie vom Morgen
bis zum Ende der dritten Stunde
für ihre Lesung frei sein.
Dann verrichten sie bis zum Ende der zehnten Stunde,
was ihnen aufgetragen wird.
15 In diesen Tagen der Fastenzeit erhält jeder einen Band der Bibel,
den er von Anfang bis Ende ganz lesen soll.
16 Diese Bände werden zu Beginn der Fastenzeit ausgegeben.
17 Vor allem aber bestimme man einen oder zwei Ältere,
die zu den Stunden, da die Brüder für die Lesung
frei sind, im Kloster umhergehen.
18 Sie müssen darauf achten,
ob sich etwa ein träger Bruder findet,
der mit Müßiggang oder Geschwätz seine Zeit verschwendet,
anstatt eifrig bei der Lesung zu sein;

damit bringt einer nicht nur sich selbst um den Nutzen,
sondern lenkt auch andere ab.
19 Wird ein solcher, was ferne sei, ertappt,
werde er einmal und ein zweites Mal zurechtgewiesen.
20 Bessert er sich nicht,
treffe ihn die von der Regel vorgesehene Strafe so,
daß die anderen sich fürchten.
21 Überhaupt darf ein Bruder mit einem anderen
nur in den vorgesehenen Stunden zusammensein.

30. März
30. Juli
29. Nov.

22 Am Sonntag sollen ebenfalls alle für die Lesung frei sein
außer jenen, die für verschiedene Dienste eingeteilt sind.
23 Ist aber einer so nachlässig und träge,
daß er nicht willens oder nicht fähig ist,
etwas zu lernen oder zu lesen,
trage man ihm eine Tätigkeit auf,
damit er nicht müßig ist.

24 Kranken oder empfindlichen Brüdern
werde eine passende Beschäftigung
oder ein geeignetes Handwerk zugewiesen;
sie sollen nicht müßig sein,
aber auch nicht durch allzu große Last der Arbeit
erdrückt oder sogar fortgetrieben werden.
25 Der Abt muß auf ihre Schwäche Rücksicht nehmen.

# 49

## Die Fastenzeit

1 Der Mönch soll zwar immer ein Leben führen 31. März
wie in der Fastenzeit. 31. Juli
30. Nov.
2 Dazu aber haben nur wenige die Kraft.
Deshalb raten wir,
daß wir wenigstens in diesen Tagen der Fastenzeit
in aller Lauterkeit auf unser Leben achten
3 und gemeinsam in diesen heiligen Tagen
die früheren Nachlässigkeiten tilgen.
4 Das geschieht dann in rechter Weise,
wenn wir uns vor allen Fehlern hüten
und uns um das Gebet unter Tränen,
um die Lesung, die Reue des Herzens
und um Verzicht mühen.

5 Gehen wir also in diesen Tagen
über die gewohnte Pflicht unseres Dienstes hinaus
durch besonderes Gebet
und durch Verzicht beim Essen und Trinken.
6 So möge jeder über das ihm zugewiesene Maß hinaus
aus eigenem Willen in der Freude des Heiligen Geistes
Gott etwas darbringen;
7 er entziehe seinem Leib etwas an Speise, Trank und Schlaf
und verzichte auf Geschwätz und Albernheiten.
Mit geistlicher Sehnsucht und Freude
erwarte er das heilige Osterfest.

8 Was aber der einzelne als Opfer bringen will,
unterbreite er seinem Abt.
Es geschehe mit seinem Gebet
und seiner Einwilligung;

---

49,6: 1 Thess 1,6

9 denn was ohne Erlaubnis des geistlichen Vaters geschieht,
wird einmal als Anmaßung und eitle Ehrsucht gelten und nicht belohnt.
10 Also werde alles mit Einwilligung des Abtes getan.

# 50

## Gebetszeiten außerhalb des Klosters

1. April
1. Aug.
1. Dez.

1 Wenn Brüder sehr weit entfernt arbeiten,
nicht zur rechten Zeit zum Oratorium kommen können
2 und wenn der Abt festgestellt hat, daß es wirklich so ist,
3 dann müssen sie den Gottesdienst an ihrem Arbeitsplatz halten.
Mit Ehrfurcht sollen sie vor Gott die Knie beugen.
4 Auch die Brüder, die auf Reisen geschickt werden,
übergehen die festgesetzten Gebetsstunden nicht;
sie feiern diese für sich, so gut sie können.
Sie sollen nicht versäumen,
die Pflicht ihres Dienstes zu erfüllen.

# 51

## Mahlzeiten außerhalb des Klosters

1 Wird ein Bruder zu einer Besorgung ausgeschickt 2. April
und ist zu erwarten, 2. Aug.
daß er am gleichen Tag ins Kloster zurückkehrt, 2. Dez.
darf er sich nicht herausnehmen, draußen zu essen,
auch wenn ihn jemand sehr dazu drängt,
2 es sei denn, sein Abt habe ihm die Erlaubnis
gegeben.
3 Handelt er anders, werde er ausgeschlossen.

# 52

## Das Oratorium des Klosters

1 Das Oratorium sei, was sein Name besagt, 3. April
Haus des Gebetes. 3. Aug.
Nichts anderes werde dort getan oder aufbewahrt. 3. Dez.
2 Nach dem Gottesdienst
gehen alle in größter Stille hinaus
und bezeugen Ehrfurcht vor Gott.
3 So wird ein Bruder, der noch für sich allein beten
möchte,
nicht durch die Rücksichtslosigkeit eines anderen
daran gehindert.
4 Auch wenn sonst einer still für sich beten will,
trete er einfach ein und bete,
nicht mit lauter Stimme,
sondern unter Tränen
und mit wacher Aufmerksamkeit des Herzens.

5 Wer sich nicht so verhalten will,
darf nach dem Gottesdienst nicht im Oratorium zurückbleiben,
damit, wie gesagt, ein anderer nicht gestört wird.

# 53

## Die Aufnahme der Gäste

4. April
4. Aug.
4. Dez.

1 Alle Fremden, die kommen,
sollen aufgenommen werden wie Christus;
denn er wird sagen:
„Ich war fremd, und ihr habt mich aufgenommen."
2 Allen erweise man die angemessene Ehre,
besonders den Brüdern im Glauben
und den Pilgern.

3 Sobald ein Gast gemeldet wird,
sollen ihm daher der Obere und die Brüder
voll dienstbereiter Liebe entgegeneilen.
4 Zuerst sollen sie miteinander beten
und dann als Zeichen der Gemeinschaft
den Friedenskuß austauschen.
5 Diesen Friedenskuß darf man
wegen der Täuschungen des Teufels
erst nach dem Gebet geben.

6 Allen Gästen begegne man
bei der Begrüßung und beim Abschied
in tiefer Demut:

---

53,1: Mt 25,35 53,2: Gal 6,10

7 man verneige sich, werfe sich ganz zu Boden
und verehre so in ihnen Christus,
der in Wahrheit aufgenommen wird.

8 Hat man die Gäste aufgenommen,
nehme man sie mit zum Gebet;
dann setze sich der Obere zu ihnen
oder ein Bruder, dem er es aufträgt.
9 Man lese dem Gast die Weisung Gottes vor,
um ihn im Glauben zu erbauen;
dann nehme man sich mit aller Aufmerksamkeit
gastfreundlich seiner an.
10 Das Fasten breche der Obere dem Gast zuliebe,
nur nicht an einem allgemein vorgeschriebenen
Fasttag, der eingehalten werden muß.
11 Die Brüder aber fasten wie gewohnt.
12 Der Abt gieße den Gästen Wasser über die Hände;
13 Abt und Brüder zusammen sollen allen Gästen
die Füße waschen.
14 Nach der Fußwaschung beten sie den Psalmvers:
„Wir haben, o Gott, deine Barmherzigkeit aufgenommen
inmitten deines Tempels."
15 Vor allem bei der Aufnahme von Armen und Fremden
zeige man Eifer und Sorge,
denn besonders in ihnen wird Christus aufgenommen.
Das Auftreten der Reichen verschafft sich ja von
selbst Beachtung.

16 Abt und Gäste sollen eine eigene Küche haben; 5. April
so stören Gäste, die unvorhergesehen kommen 5. Aug.
und dem Kloster nie fehlen, die Brüder nicht. 5. Dez.

53,14: Ps 48,10

17 Diese Küche übernehmen für je ein Jahr
zwei Brüder, die für diese Aufgabe gut geeignet sind.
18 Sooft sie es brauchen, gebe man ihnen Hilfen,
damit sie ohne Murren dienen;
sind sie jedoch zu wenig beschäftigt,
sollen sie zu der Arbeit gehen, die man ihnen aufträgt.
19 Doch nicht nur hier, sondern für alle Aufgabenbereiche
im Kloster gelte der Grundsatz:
20 Wer Hilfe braucht, soll sie erhalten;
wer jedoch frei ist,
übernehme gehorsam jeden Auftrag.

21 Die Unterkunft für die Gäste
vertraue man einem Bruder an,
der von Gottesfurcht ganz durchdrungen ist.
22 Dort sollen genügend Betten bereitstehen.
Das Haus Gottes soll von Weisen
auch weise verwaltet werden.

23 Mit den Gästen darf niemand
ohne Auftrag zusammensein oder sprechen.
24 Wer ihnen begegnet oder sie sieht,
grüße sie, wie schon gesagt, in Demut,
bitte um den Segen
und gehe weiter mit der Bemerkung,
es sei ihm nicht gestattet,
sich mit einem Gast zu unterhalten.

# 54

## Die Annahme von Briefen und Geschenken

1 Der Mönch darf keinesfalls ohne Weisung des Abtes 6. April
von seinen Eltern oder irgend jemandem, 6. Aug.
auch nicht von einem anderen Mönch 6. Dez.
Briefe, Eulogien oder sonst kleine Geschenke
annehmen oder geben.
2 Selbst wenn seine Eltern ihm etwas geschickt haben,
darf er sich nicht anmaßen, es anzunehmen,
ehe der Abt benachrichtigt wurde.
3 Hat der Abt die Annahme erlaubt,
kann er immer noch verfügen, wem es zu geben ist.
4 Dann sei der Bruder, dem es geschickt wurde,
nicht traurig,
damit dem Teufel kein Raum gegeben werde.
5 Wer sich etwas anderes herausnimmt,
den treffe die von der Regel vorgesehene Strafe.

# 55

## Kleidung und Schuhe der Brüder

1 Die Kleidung, welche die Brüder erhalten, 7. April
soll der Lage und dem Klima ihres Wohnortes 7. Aug.
entsprechen; 7. Dez.
2 denn in kalten Gegenden braucht man mehr,
in warmen weniger.
3 Darauf zu achten ist Aufgabe des Abtes.

4 Unserer Meinung nach genügen
in Gegenden mit gemäßigtem Klima
für jeden Mönch Kukulle und Tunika,
5 die Kukulle im Winter wollig,
im Sommer leicht oder abgetragen,
6 für die Arbeit ein Überwurf
und als Fußbekleidung Socken und Schuhe.

7 Über Farbe oder groben Stoff dieser Kleidungsstücke
sollen sich die Mönche nicht beschweren;
man nehme alles so,
wie es sich in der Gegend, wo sie wohnen, findet,
oder was man billiger kaufen kann.
8 Der Abt sorge aber für das rechte Maß,
daß die Kleider nicht zu kurz sind,
sondern denen, die sie tragen, passen.
9 Bekommen sie etwas Neues,
geben sie das Alte immer gleich ab;
es wird in der Kleiderkammer für die Armen
aufbewahrt.
10 Für einen Mönch genügen zwei Tuniken
und zwei Kukullen;
so kann er zur Nacht und zum Waschen
die Kleider wechseln.
11 Was aber darüber hinausgeht, ist überflüssig
und muß entfernt werden.
12 Ebenso gibt man die Socken und alles Abgetragene ab,
wenn man Neues bekommt.
13 Wer auf Reisen geschickt wird,
erhält Hosen aus der Kleiderkammer;
nach der Rückkehr
gibt er sie gewaschen dort wieder ab.

14 Kukulle und Tunika,
die er für die Reise aus der Kleiderkammer erhält
und nach der Rückkehr zurückzugeben hat,
seien ein wenig besser, als man sie für gewöhnlich
trägt.

15 Als Bettzeug genügen Matte, Tuch, Decke und Kopfkissen. 8. April 8. Aug. 8. Dez.
16 Der Abt durchsuche häufig die Betten,
ob sich dort nicht Eigenbesitz finde.
17 Wenn sich bei einem etwas findet,
das er nicht vom Abt bekommen hat,
treffe ihn strengste Strafe.
18 Um dieses Laster des Eigenbesitzes
mit der Wurzel auszurotten,
muß der Abt alles Notwendige geben:
19 Kukulle, Tunika, Socken, Schuhe, Gürtel, Messer,
Griffel, Nadel, Tuch, Schreibtafel;
so kann sich keiner damit entschuldigen,
es habe ihm etwas Notwendiges gefehlt.

20 Der Abt erwäge aber immer jenen Satz der
Apostelgeschichte:
„Jedem wurde so viel zugeteilt, wie er nötig hatte."
21 So berücksichtige der Abt
die Schwäche der Bedürftigen,
nicht die Mißgunst der Neider.
22 Doch bei all seinen Entscheidungen
denke er an die Vergeltung Gottes.

---

55,20: Apg 4,35

# 56

## Der Tisch des Abtes

9. April
9. Aug.
9. Dez.

1 Der Abt habe seinen Tisch immer mit Gästen und Pilgern gemeinsam.
2 Sooft jedoch nur wenig Gäste da sind,
steht es ihm frei,
von den Brüdern zu rufen, wen er will.
3 Immer aber lasse er der Ordnung wegen
einen oder zwei Ältere bei den Brüdern.

# 57

## Mönche als Handwerker

10. April
10. Aug.
10. Dez.

1 Sind Handwerker im Kloster,
können sie in aller Demut ihre Tätigkeit ausüben,
wenn der Abt es erlaubt.
2 Wird aber einer von ihnen überheblich,
weil er sich auf sein berufliches Können etwas einbildet
und meint, er bringe dem Kloster etwas ein,
3 werde ihm seine Arbeit genommen.
Er darf sie erst wieder aufnehmen, wenn er Demut zeigt
und der Abt es ihm von neuem erlaubt.

4 Wenn etwas von den Erzeugnissen der Handwerker verkauft wird,
sollen jene, durch deren Hand die Waren veräußert werden,
darauf achten, daß sie keinen Betrug begehen.

5 Sie sollen immer an Hananias und Saphira denken,
damit sie nicht etwa den Tod an der Seele erleiden,
der jene am Leib traf.
6 Das gilt ebenso für alle anderen,
die mit dem Eigentum des Klosters unredlich
umgehen.

7 Bei der Festlegung der Preise
darf sich das Übel der Habgier nicht einschleichen.
8 Man verkaufe sogar immer etwas billiger,
als es sonst außerhalb des Klosters möglich ist,
9 damit in allem Gott verherrlicht werde.

# 58

## Die Ordnung bei der Aufnahme von Brüdern

11. April
11. Aug.
11. Dez.

1 Kommt einer neu und will das klösterliche Leben
beginnen,
werde ihm der Eintritt nicht leicht gewährt,
2 sondern man richte sich nach dem Wort des
Apostels:
„Prüft die Geister, ob sie aus Gott sind."
3 Wenn er also kommt und beharrlich klopft
und es nach vier oder fünf Tagen klar ist,
daß er die ihm zugefügte harte Behandlung
sowie die Schwierigkeiten beim Eintritt
geduldig erträgt,
aber trotzdem auf seiner Bitte besteht,

57,5: s. Apg 5,1–11 57,9: 1 Petr 4,11 58,2: 1 Joh 4,1

4 gestatte man ihm den Eintritt,
und er halte sich einige Tage in der Unterkunft für die Gäste auf.

5 Danach wohne er im Raum für die Novizen,
wo sie lernen, essen und schlafen.
6 Ein erfahrener Bruder werde für sie bestimmt,
der geeignet ist, Menschen zu gewinnen,
und der sich mit aller Sorgfalt ihrer annimmt.

7 Man achte genau darauf,
ob der Novize wirklich Gott sucht,
ob er Eifer hat für den Gottesdienst,
ob er bereit ist zu gehorchen
und ob er fähig ist, Widerwärtiges zu ertragen.
8 Offen rede man mit ihm
über alles Harte und Schwere auf dem Weg zu Gott.
9 Wenn er verspricht,
beharrlich bei seiner Beständigkeit zu bleiben,
lese man ihm nach Ablauf von zwei Monaten
diese Regel von Anfang bis Ende vor
10 und sage ihm:
Siehe das Gesetz, unter dem du dienen willst;
wenn du es beobachten kannst, tritt ein,
wenn du es aber nicht kannst, geh in Freiheit fort.
11 Wenn er noch immer bleiben will,
dann führe man ihn in den oben erwähnten Raum der Novizen
und prüfe ihn wieder in aller Geduld.

12 Nach Ablauf von sechs Monaten
lese man ihm die Regel vor:
Er soll wissen, was der Eintritt für ihn bedeutet.
13 Wenn er noch bei seinem Entschluß bleibt,
liest man ihm nach vier Monaten dieselbe Regel wieder vor.

14 Hat er es sich reiflich überlegt und verspricht er,
alles zu beachten
und sich an alles zu halten,
was ihm aufgetragen wird,
dann soll er in die Gemeinschaft aufgenommen werden.
15 Doch muß er wissen, daß er,
auch nach dem Gesetz der Regel,
von diesem Tag an weder das Kloster verlassen
16 noch das Joch der Regel von seinem Nacken abschütteln darf;
er hatte ja lange genug Zeit zu überlegen,
ob er es von sich weisen
oder auf sich nehmen wolle.

17 Bei der Aufnahme verspreche er im Oratorium 12. April
in Gegenwart aller 12. Aug.
Beständigkeit, klösterlichen Lebenswandel und Gehorsam, 12. Dez.
18 vor Gott und seinen Heiligen.
Sollte er einmal anders handeln,
so muß er wissen,
daß er von dem verworfen wird,
den er nicht ernstnimmt.
19 Über sein Versprechen verfasse er eine Urkunde
auf den Namen der Heiligen, deren Reliquien dort sind,
und des anwesenden Abtes.
20 Diese Urkunde schreibe er mit eigener Hand.
Kann er dies jedoch nicht,
soll sie auf seine Bitte hin ein anderer schreiben.
Der Novize setze sein Zeichen darunter
und lege die Urkunde mit eigener Hand auf den Altar.

21 Wenn er sie niedergelegt hat,
stimmt der Novize sofort folgenden Vers an:
„Nimm mich auf, Herr, nach deinem Wort,
und ich werde leben;
laß mich in meiner Hoffnung nicht scheitern."
22 Diesen Vers wiederholt die ganze Gemeinschaft dreimal
und fügt das „Ehre sei dem Vater" hinzu.
23 Dann wirft sich der neue Bruder jedem einzelnen zu Füßen,
damit sie für ihn beten.
Von dieser Stunde an wird er zur Gemeinschaft gerechnet.

24 Wenn er Eigentum hat, verteile er es vorher an die Armen
oder vermache es in aller Form
durch eine Schenkung dem Kloster.
Er darf sich gar nichts vorbehalten;
25 denn er weiß ja: Von diesem Tag an hat er nicht einmal
das Verfügungsrecht über seinen eigenen Leib.
26 Noch im Oratorium ziehe man ihm also
die eigenen Sachen aus, mit denen er bekleidet ist,
und ziehe ihm die Sachen des Klosters an.
27 Jene Kleider aber, die man ihm ausgezogen hat,
sollen in die Kleiderkammer gebracht
und dort aufbewahrt werden.
28 Sollte er nämlich einmal der Einflüsterung des Teufels nachgeben
und das Kloster verlassen, was ferne sei,
dann ziehe man ihm die Sachen des Klosters aus
und entlasse ihn.

---

58,21: Ps 119,116

29 Seine Urkunde aber, die der Abt vom Altar
genommen hat,
soll er nicht zurückbekommen,
sondern sie werde im Kloster zurückbehalten.

# 59

## Die Aufnahme von Kindern

1 Wenn ein Vornehmer seinen Sohn im Kloster darbringt 13. April 13. Aug. 13. Dez.
und dieser noch ein Kind ist,
dann stellen die Eltern die oben erwähnte Urkunde aus.
2 Zusammen mit einer Opfergabe wickeln sie
diese Urkunde und die Hand des Knaben in das Altartuch
und bringen ihn so dar.
3 Was ihr Vermögen angeht,
so sollen sie in der vorliegenden Urkunde
unter Eid versprechen,
daß sie niemals selbst,
auch nie durch eine vorgeschobene Person
noch auf irgendeine andere Weise
dem Knaben etwas schenken
oder ihm die Möglichkeit bieten, etwas zu besitzen.
4 Sie können jedoch für seinen Unterhalt
dem Kloster eine Spende anbieten.
5 Was sie geben wollen,
das sollen sie dem Kloster als Schenkung vermachen.
Wenn sie es wünschen,
können sie sich die Nutznießung vorbehalten.

6 Auf diese Weise werde allem vorgebeugt,
so daß dem Knaben keine Aussicht bleibt,
die ihn betören und verderben könnte, was ferne sei.
Wir kennen das aus Erfahrung.

7 Entsprechend sollen es auch Ärmere halten.
8 Wer aber gar nichts hat, stellt einfach die Urkunde aus
und bringt in Gegenwart von Zeugen
seinen Sohn zusammen mit der Opfergabe dar.

# 60

## Die Aufnahme von Priestern

14. April
14. Aug.
14. Dez.

1 Wenn einer aus dem Priesterstand um Aufnahme in das Kloster bittet,
so stimme man nicht gleich zu.
2 Beharrt er trotzdem fest auf seiner Bitte, so muß er wissen,
daß er die Regel in ihrer ganzen Strenge zu halten hat.
3 Nichts wird ihm erleichtert,
es gelte das Wort der Schrift:
„Freund, wozu bist du gekommen?"
4 Man gestatte ihm allerdings,
seinen Platz gleich nach dem Abt zu haben,
den Segen zu sprechen
und den Gottesdienst zu halten,
aber nur, wenn der Abt ihn beauftragt.

60,3: Mt 26,50

5 Sonst nehme er sich nichts heraus;
er weiß ja, daß er der Zucht der Regel unterworfen ist,
und mehr als andere gebe er allen
ein Beispiel der Demut.
6 Wenn es um die Besetzung eines Amtes
oder eine andere Angelegenheit im Kloster geht,
7 nimmt er den Platz ein,
der seinem Eintritt ins Kloster entspricht,
nicht jenen,
der ihm sonst aus Ehrfurcht vor dem Priestertum
eingeräumt wird.

8 Wenn Kleriker das gleiche Verlangen haben
und sich dem Kloster anschließen möchten,
weist man ihnen einen mittleren Platz zu,
9 aber nur dann, wenn sie die Beobachtung der Regel
und Beständigkeit versprechen.

# 61

## Die Aufnahme fremder Mönche

1 Es kann sein, 15. April
daß ein fremder Mönch von weither kommt 15. Aug.
und als Gast im Kloster bleiben möchte. 15. Dez.
2 Wenn er mit der Lebensweise, die er dort antrifft,
zufrieden ist
und nicht etwa durch übertriebene Ansprüche
Verwirrung ins Kloster bringt,
3 sondern sich ohne Umstände
mit dem was er vorfindet, begnügt,
nehme man ihn auf, und er bleibe, solange er will.

4 Sollte er in Demut und Liebe
eine begründete Kritik äußern
oder auf etwas aufmerksam machen,
so erwäge der Abt klug,
ob ihn der Herr nicht vielleicht gerade deshalb
geschickt hat.
5 Will er sich aber zur Beständigkeit verpflichten,
weise man einen solchen Wunsch nicht zurück;
man konnte ja seine Lebensführung kennenlernen,
solange er Gast war.
6 Erweist er sich aber in der Zeit seines Aufenthaltes
als anspruchsvoll und mit vielen Fehlern behaftet,
muß man ihm nicht nur die Aufnahme
in die klösterliche Gemeinschaft verweigern,
7 sondern man sage ihm zudem höflich, er solle gehen,
damit nicht durch seinen beklagenswerten Zustand
auch noch andere verdorben werden.
8 Verdient er es jedoch nicht, weggeschickt zu werden,
nehme man ihn nicht erst auf seine eigene Bitte hin
als Glied der Gemeinschaft auf,
9 sondern lege ihm das Bleiben sogar nahe,
damit andere von seinem Beispiel lernen.
10 Wir dienen doch überall dem einen Herrn
und kämpfen für den einen König.

16. April
16. Aug.
16. Dez.

11 Hat der Abt einen solchen Mönch als vorbildlich
erkannt,
darf er ihm einen etwas höheren Platz zuweisen.
12 Kommt der Abt bei Priestern und Klerikern,
wie schon gesagt wurde, zu einem ähnlichen Urteil,
darf er nicht nur einen Mönch, sondernauch sie
an einen höheren Platz stellen, als es ihrem Eintritt
entspricht.

13 Der Abt hüte sich aber,
jemals einen Mönch aus einem anderen bekannten Kloster
ohne Einwilligung oder Empfehlungsschreiben seines Abtes
in sein Kloster aufzunehmen,
14 steht doch geschrieben:
„Was du selbst nicht erleiden willst,
das tu auch keinem anderen an!"

# 62

## Die Priester des Klosters

1 Wenn ein Abt die Weihe eines Priesters oder Diakons erbitten will, 17. April 17. Aug. 17. Dez.
so wähle er aus seinen Mönchen einen aus,
der würdig ist, den priesterlichen Dienst auszuüben.
2 Der Geweihte aber hüte sich vor Überheblichkeit und Stolz.
3 Er nehme sich nichts heraus
und handle nie ohne Auftrag des Abtes.
Er weiß ja, daß gerade er sich der Zucht der Regel zu fügen hat.
4 Das Priesteramt sei ihm kein Anlaß,
den Gehorsam und die Ordnung der Regel zu vergessen,
sondern er schreite mehr und mehr auf Gott zu.
5 Er nimmt stets den Platz ein,
der seinem Eintritt ins Kloster entspricht,

61,14: Tob 4,16

6 außer beim Dienst am Altar
oder wenn ihn die Wahl der Gemeinschaft
und der Wille des Abtes
an einen höheren Platz stellen,
weil seine Lebensführung es verdient.
7 Doch wisse er, daß auch er sich an die Ordnung zu halten hat,
die für Dekane und Prioren gilt.

8 Nimmt er sich heraus, anders zu handeln,
gelte er nicht mehr als Priester,
sondern als Aufrührer.
9 Und ändert er sich trotz wiederholter Ermahnung nicht,
so ziehe man noch den Bischof als Zeugen hinzu.
10 Wenn er sich auch dann nicht bessert
und seine Schuld klar zutage liegt,
werde er aus dem Kloster gewiesen,
11 doch nur, wenn er so widerspenstig ist,
daß er sich nicht unterordnen
und der Regel nicht gehorchen will.

# 63

## Die Rangordnung in der Gemeinschaft

18. April
18. Aug.
18. Dez.

1 Die Rangordnung im Kloster halte man so ein,
wie sie sich aus dem Zeitpunkt des Eintritts
oder aufgrund verdienstvoller Lebensführung ergibt
und wie sie der Abt festlegt.
2 Der Abt bringe jedoch die ihm anvertraute Herde
nicht in Verwirrung.
Er treffe keine ungerechte Verfügung,
als könnte er seine Macht willkürlich gebrauchen,

3 sondern er bedenke immer,
daß er über all seine Entscheidungen
und all sein Tun Gott Rechenschaft geben muß.

4 Entsprechend der Rangordnung also, die er festlegt
oder die ihnen von selber zukommt,
sollen die Brüder zum Friedenskuß
und zur Kommunion gehen,
einen Psalm vortragen und im Chor stehen.
5 Nirgendwo darf das Lebensalter
für die Rangordnung den Ausschlag geben
oder sie von vornherein bestimmen,
6 haben doch Samuel und Daniel,
obgleich noch jung,
Gericht über die Ältesten gehalten.
7 Außer denen also, die der Abt, wie gesagt,
nach reiflicher Überlegung voranstellt
oder aus bestimmten Gründen zurücksetzt,
sollen alle übrigen den Platz einnehmen,
der ihrem Eintritt entspricht.
8 Wer zum Beispiel zur zweiten Stunde des Tages
ins Kloster kam,
muß wissen, daß er jünger ist als jener,
der zur ersten Stunde des Tages gekommen ist,
welches Alter oder welche Stellung er auch haben
mag.
9 Die Knaben aber sollen in allem und von allen
zur Ordnung angehalten werden.

10 Die Jüngeren sollen also die Älteren ehren, 19. April
die Älteren die Jüngeren lieben. 19. Aug.
19. Dez.

---

63,6: s. 1 Sam 3; Dan 13

11 Spricht man einander an,
so darf keiner den anderen mit dem bloßen Namen anreden,
12 sondern die Älteren sollen die Jüngeren „Bruder" nennen,
die Jüngeren aber die Älteren „nonnus",
was so viel wie „ehrwürdiger Vater" heißt.
13 Der Abt aber werde mit „Herr" und „Abt" angeredet,
weil man im Glauben erkennt,
daß er Christi Stelle vertritt.
Das maßt er sich nicht selber an,
vielmehr geschieht es aus Ehrfurcht
und Liebe zu Christus.
14 Er selbst aber bedenke das und verhalte sich so,
daß er dieser Ehre würdig ist.

15 Wo immer Brüder einander begegnen,
bittet der Jüngere den Älteren um den Segen.
16 Kommt ein Älterer, steht der Jüngere auf
und bietet ihm den Platz zum Sitzen an.
Und der Jüngere nehme sich nicht heraus,
sich wieder zu setzen,
bevor ihn der Ältere dazu auffordert.
17 So geschieht, was geschrieben steht:
„Kommt einander in gegenseitiger Achtung zuvor."

18 Knaben und Jugendliche sollen im Oratorium und bei Tisch
ihre Reihenfolge ordentlich einhalten.
19 Draußen aber und überall sollen sie beaufsichtigt
und zur Ordnung angehalten werden,
bis sie das verständige Alter erreichen.

---

63,17: Röm 12,10

# 64

## Einsetzung und Dienst des Abtes

1 Bei der Einsetzung eines Abtes soll man stets so verfahren: 20. April 20. Aug. 20. Dez.
Es werde der bestellt,
den die ganze Gemeinschaft einmütig
in Gottesfurcht gewählt hat
oder ein noch so kleiner Teil in besserer Einsicht.
2 Entscheidend für die Wahl und Einsetzung
seien Bewährung im Leben und Weisheit in der Lehre,
mag einer in der Rangordnung der Gemeinschaft
auch der Letzte sein.

3 Es kann sogar vorkommen, was ferne sei,
daß die ganze Gemeinschaft einmütig jemanden wählt,
der mit ihrem sündhaften Leben einverstanden ist.
4 Kommen etwa solche Mißstände dem Bischof
der betreffenden Diözese zur Kenntnis
oder erfahren die Äbte oder Christen der Nachbarschaft davon,
5 so sollen diese verhindern,
daß sich die Absprache der verkommenen Mönche durchsetzt;
vielmehr sollen sie für das Haus Gottes
einen würdigen Verwalter bestellen.
6 Sie dürfen wissen: Wenn sie sich von reiner Absicht
und vom Eifer für Gott leiten lassen,
werden sie dafür reich belohnt,
andererseits machen sie sich schuldig,
wenn sie es versäumen.

21. April
21. Aug.
21. Dez.

7 Der eingesetzte Abt bedenke aber stets,
welche Bürde er auf sich genommen hat
und wem er Rechenschaft über seine Verwaltung
ablegen muß.
8 Er wisse, daß er mehr helfen als herrschen soll.

9 Er muß daher das göttliche Gesetz genau kennen,
damit er Bescheid weiß und (einen Schatz) hat,
aus dem er Neues und Altes hervorholen kann.
Er sei selbstlos, nüchtern, barmherzig.
10 Immer gehe ihm Barmherzigkeit
über strenges Gericht,
damit er selbst Gleiches erfahre.
11 Er hasse die Fehler, er liebe die Brüder.
12 Muß er aber zurechtweisen,
handle er klug und gehe nicht zu weit;
sonst könnte das Gefäß zerbrechen,
wenn er den Rost allzu heftig auskratzen will.
13 Stets rechne er mit seiner eigenen Gebrechlichkeit.
Er denke daran,
daß man das geknickte Rohr nicht zerbrechen darf.
14 Damit wollen wir nicht sagen,
er dürfe Fehler wuchern lassen,
vielmehr schneide er sie klug und liebevoll weg,
wie es seiner Ansicht nach jedem weiterhilft;
wir sprachen schon davon.
15 Er suche, mehr geliebt als gefürchtet zu werden.

16 Er sei nicht stürmisch und nicht ängstlich,
nicht maßlos und nicht engstirnig,
nicht eifersüchtig und allzu argwöhnisch,
sonst kommt er nie zur Ruhe.

---

64,9: Mt 13,52; 1 Tim 3,2 64,10: Jak 2,13 64,13: Jes 42,3

17 In seinen Befehlen sei er vorausschauend
und besonnen.
Bei geistlichen wie bei weltlichen Aufträgen
unterscheide er genau und halte Maß.
18 Er denke an die maßvolle Unterscheidung
des heiligen Jakob, der sprach:
„Wenn ich meine Herden unterwegs überanstrenge,
werden alle an einem Tage zugrundegehen."
19 Diese und andere Zeugnisse
maßvoller Unterscheidung,
der Mutter aller Tugenden, beherzige er.
So halte er in allem Maß,
damit die Starken finden, wonach sie verlangen,
und die Schwachen nicht davonlaufen.
20 Besonders wahre er in allem die vorliegende Regel.
21 Hat er seinen Dienst gut verrichtet,
dann darf er vom Herrn hören,
was für den guten Knecht gilt,
der seinen Mitknechten den Weizen
zur rechten Zeit gegeben hat:
22 „Amen, ich sage euch,
er wird ihn zum Verwalter seines ganzen Vermögens
bestellen."

64,18: Gen 33,13 64,22: Mt 24,47

# 65

## Der Prior des Klosters

22. April
22. Aug.
22. Dez.

1 Zu oft schon sind durch die Einsetzung eines Priors schwere Streitigkeiten in den Klöstern entstanden.

2 Vom bösen Geist des Stolzes aufgebläht, bilden sich manche ein, zweite Äbte zu sein; sie reißen die Herrschaft über andere an sich, sie schüren Ärger und Streit, sie stiften Zwietracht in ihren Gemeinschaften.

3 Das geschieht vor allem dort, wo derselbe Bischof und dieselben Äbte, die den Abt einsetzen, auch den Prior einsetzen.

4 Wie verkehrt das ist, läßt sich leicht einsehen;
denn schon vom Tag seiner Einsetzung an wird dem Prior Anlaß zum Stolz gegeben.

5 Seine Gedanken flüstern ihm nämlich ein,
er sei der Autorität seines Abtes entzogen,

6 weil er von denselben eingesetzt sei wie der Abt.

7 Daraus entstehen Neid, Streit, Verleumdung, Eifersucht, Zwietracht und Unordnung.

8 Wenn Abt und Prior gegeneinander stehen, bringt diese Zwietracht ihre Seelen zwangsläufig in Gefahr,

9 und auch ihre Untergebenen laufen ins Verderben, wenn sie den Parteien schmeicheln.

10 Die Hauptverantwortung für diesen gefährlichen Mißstand trifft jene, die eine solche Unordnung verursacht haben.

23. April
23. Aug.
23. Dez.

11 Daher halten wir es zur Wahrung des Friedens und der Liebe für angebracht,
daß der Abt die Ämter in seinem Kloster
nach eigenem Ermessen besetzt.

12 Wenn möglich sollen Dekane alle Belange des Klosters
nach den Anweisungen des Abtes regeln, wie wir schon
früher bestimmt haben.
13 Sind mehrere beauftragt,
kann ein einzelner nicht stolz werden.

14 Erfordern es aber die örtlichen Verhältnisse oder äußert
die Gemeinschaft begründet und mit Demut die Bitte
und hält es der Abt für gut,
15 wähle er mit dem Rat gottesfürchtiger Brüder einen aus
und setze ihn selber als seinen Prior ein.
16 Der Prior führe in Ehrfurcht aus, was ihm sein Abt
aufträgt;
er tue nichts gegen den Willen oder die Anordnung
des Abtes.
17 Denn je höher er über andere gestellt ist,
um so sorgfältiger muß er die Weisungen der Regel
beobachten.

18 Stellt sich heraus, daß der Prior voller Fehler ist
oder, vom Hochmut betört, sich stolz überhebt
oder nachweislich die heilige Regel verachtet,
werde er bis zu viermal mit Worten
zurechtgewiesen.
19 Bessert er sich nicht,
treffe ihn die von der Regel vorgesehene Strafe.
20 Ändert er sich auch so nicht,
werde er seines Amtes als Prior enthoben,
und ein anderer, der geeignet ist, soll an seine Stelle
treten.
21 Ist er auch danach in der Gemeinschaft nicht ruhig
und gehorsam,
werde er sogar aus dem Kloster gestoßen.

22 Doch bedenke der Abt,
daß er über alle seine Entscheidungen
vor Gott Rechenschaft ablegen muß,
damit nicht die Flamme des Neids
oder der Eifersucht seine Seele verzehrt.

# 66

## Die Pförtner des Klosters

24. April
24. Aug.
24. Dez.

1 An die Pforte des Klosters
stelle man einen weisen älteren Bruder,
der Bescheid zu empfangen und zu geben weiß
und den seine Reife daran hindert,
sich herumzutreiben.
2 Der Pförtner soll seine Zelle neben der Pforte haben,
damit alle, die ankommen, dort immer einen antreffen,
von dem sie Bescheid erhalten.
3 Sobald jemand anklopft oder ein Armer ruft,
antworte er: „Dank sei Gott“ oder „Segne mich“.
4 Mit der ganzen Sanftmut eines Gottesfürchtigen
und mit dem Eifer der Liebe
gebe er unverzüglich Bescheid.
5 Braucht der Pförtner eine Hilfe,
erhalte er einen jüngeren Bruder.

6 Das Kloster soll, wenn möglich, so angelegt werden,
daß sich alles Notwendige,
nämlich Wasser, Mühle und Garten,
innerhalb des Klosters befindet
und die verschiedenen Arten des Handwerks
dort ausgeübt werden können.

7 So brauchen die Mönche nicht draußen
herumzulaufen,
denn das ist für sie überhaupt nicht gut.

8 Diese Regel soll nach unserem Willen
in der Gemeinschaft oft vorgelesen werden,
damit sich keiner der Brüder mit Unkenntnis
entschuldigen kann.

# 67

## Brüder auf Reisen

1 Sollen Brüder auf Reisen geschickt werden, 25. April
empfehlen sie sich dem Gebet aller Brüder 25. Aug.
und des Abtes. 25. Dez.
2 Beim letzten Gebet des Gottesdienstes
wird immer aller Abwesenden gedacht.
3 Bei der Rückkehr von der Reise aber
sollen sich die Brüder noch am selben Tag
bei allen festgesetzten Gebetszeiten
am Schluß des Gottesdienstes
im Oratorium zu Boden werfen
4 und alle um das Gebet bitten
wegen der Fehler, die vielleicht unterwegs
vorgekommen sind,
wenn sie Böses gesehen oder gehört
oder Unnützes geredet haben.
5 Auch nehme sich keiner heraus,
einem anderen alles zu erzählen,
was er außerhalb des Klosters gesehen und gehört hat,
denn das richtet großen Schaden an.

6 Wenn sich einer das herausnimmt,
verfällt er der von der Regel vorgesehenen Strafe,
7 ebenso jeder, der den Bereich des Klosters
eigenmächtig verläßt,
irgendwohin geht
oder sonst etwas ohne Erlaubnis des Abtes
unternimmt,
sei es auch noch so geringfügig.

# 68

## Überforderung durch einen Auftrag

26. April 26. Aug. 26. Dez.

1 Wenn einem Bruder etwas aufgetragen wird,
das ihm zu schwer oder unmöglich ist,
nehme er zunächst den erteilten Befehl an,
in aller Gelassenheit und im Gehorsam.
2 Wenn er aber sieht,
daß die Schwere der Last das Maß seiner Kräfte
völlig übersteigt,
lege er dem Oberen dar,
warum er den Auftrag nicht ausführen kann,
3 und zwar geduldig und angemessen,
ohne Stolz, ohne Widerstand, ohne Widerrede.
4 Wenn er seine Bedenken geäußert hat,
der Obere aber bei seiner Ansicht bleibt
und auf seinem Befehl besteht,
sei der Bruder überzeugt, daß es so für ihn gut ist;
5 und im Vertrauen auf Gottes Hilfe
gehorche er aus Liebe.

## 69

### Eigenmächtige Verteidigung eines Bruders

1 Man achte darauf, daß im Kloster 27. April
sich keiner bei irgendeinem Anlaß herausnimmt, 27. Aug.
als Verteidiger oder Beschützer eines anderen 27. Dez.
Mönches aufzutreten,
2 wären die beiden auch noch so eng
durch Blutsverwandtschaft verbunden.
3 Auf gar keine Weise dürfen sich die Mönche das
herausnehmen,
weil dies zum Anlaß für schlimmste Ärgernisse
werden kann.
4 Wer diese Vorschrift übertritt,
werde streng in Schranken gewiesen.

## 70

### Eigenmächtige Bestrafung eines Bruders

1 Man beuge im Kloster jeder Gelegenheit zur 28. April
Anmaßung vor. 28. Aug.
2 Darum bestimmen wir: 28. Dez.
Keiner darf einen seiner Brüder ausschließen
oder schlagen,
es sei denn, der Abt habe ihm dazu die Vollmacht
erteilt.
3 Wer sich dagegen verfehlt,
werde vor allen zurechtgewiesen,
damit die anderen abgeschreckt werden.

---

70,3: 1 Tim 5,20

4 Alle sollen jedoch die Knaben bis zum Alter von fünfzehn Jahren
gewissenhaft zur Ordnung anhalten und beaufsichtigen,
5 doch geschehe auch dies immer maßvoll und überlegt.

6 Wer sich ohne Weisung des Abtes
irgend etwas gegen einen Erwachsenen herausnimmt
oder gar den Knaben gegenüber
sich zu maßlosem Zorn hinreißen läßt,
den treffe die von der Regel vorgesehene Strafe.
7 Es steht ja geschrieben:
„Was du selbst nicht erleiden willst,
das tu auch keinem anderen an!"

# 71

## Der gegenseitige Gehorsam

29. April
29. Aug.
29. Dez.

1 Das Gut des Gehorsams
sollen alle nicht nur dem Abt erweisen.
Die Brüder müssen ebenso einander gehorchen;
2 sie wissen doch,
daß sie auf diesem Weg des Gehorsams
zu Gott gelangen.

3 Ein Befehl des Abtes
oder der von ihm eingesetzten Oberen
habe jedoch immer den Vorrang,
und wir erlauben nicht,
daß private Befehle vorgezogen werden.

---

70,7: Tob 4,16

4 Sonst sollen alle jüngeren ihren älteren Brüdern
in aller Liebe und mit Eifer gehorchen.
5 Ist einer streitsüchtig,
werde er zurechtgewiesen.

6 Wenn aber ein Bruder vom Abt
oder von einem der Oberen
aus einem noch so geringfügigen Grund
irgendwie zurechtgewiesen wird,
7 oder wenn er merkt, daß ein Älterer innerlich
gegen ihn erzürnt oder ein wenig erregt ist,
8 dann werfe er sich unverzüglich zu Boden
und liege zur Buße so lange zu seinen Füßen,
bis die Erregung durch den Segen zur Ruhe kommt.
9 Wer sich aus Geringschätzung weigert, das zu tun,
den treffe körperliche Züchtigung,
oder er werde, wenn er trotzig bleibt,
aus dem Kloster gestoßen.

# 72

## Der gute Eifer der Mönche

1 Wie es einen bitteren und bösen Eifer gibt, 30. April
der von Gott trennt und zur Hölle führt, 30. Aug.
2 so gibt es den guten Eifer, der von den Sünden 30. Dez.
trennt, zu Gott und zum ewigen Leben führt.

3 Diesen Eifer sollen also die Mönche
mit glühender Liebe in die Tat umsetzen,

4 das bedeutet:
Sie sollen einander in gegenseitiger Achtung zuvorkommen;
5 ihre körperlichen und charakterlichen Schwächen sollen sie mit unerschöpflicher Geduld ertragen;
6 im gegenseitigen Gehorsam sollen sie miteinander wetteifern;
7 keiner achte auf das eigene Wohl,
sondern mehr auf das des anderen;
8 die Bruderliebe sollen sie einander selbstlos erweisen;
9 in Liebe sollen sie Gott fürchten;
10 ihrem Abt seien sie in aufrichtiger und demütiger Liebe zugetan.
11 Christus sollen sie überhaupt nichts vorziehen.
12 Er führe uns gemeinsam zum ewigen Leben.

# 73

## Die Regel als Anfang unseres Weges zur vollen Gerechtigkeit

1. Mai
31. Aug.
31. Dez.

1 Diese Regel haben wir geschrieben, damit wir durch ihre Beobachtung in unseren Klöstern eine dem Mönchtum einigermaßen entsprechende Lebensweise oder doch einen Anfang im klösterlichen Leben bekunden.

72,4: Röm 12,10

2 Für den aber, der zur Vollkommenheit des klösterlichen Lebens eilt, gibt es die Lehren der heiligen Väter, deren Beobachtung den Menschen zur Höhe der Vollkommenheit führen kann.
3 Ist denn nicht jede Seite oder jedes von Gott beglaubigte Wort des Alten und Neuen Testamentes eine verläßliche Wegweisung für das menschliche Leben?
4 Oder welches Buch der heiligen katholischen Väter redet nicht laut von dem geraden Weg, auf dem wir zu unserem Schöpfer gelangen?
5 Aber auch die Unterredungen der Väter, ihre Einrichtungen und Lebensbeschreibungen sowie die Regel unseres heiligen Vaters Basilius,
6 sind sie nicht für Mönche, die recht leben und gehorsam sind, Anleitungen zur Tugend?
7 Wir aber sind träge, leben schlecht, sind nachlässig und müssen deshalb vor Scham erröten.

8 Wenn du also zum himmlischen Vaterland eilst,
wer immer du bist,
nimm diese einfache Regel als Anfang
und erfülle sie mit der Hilfe Christi.
9 Dann wirst du schließlich
unter dem Schutz Gottes
zu den oben erwähnten Höhen
der Lehre und der Tugend gelangen.

(Amen).

# KAPITELVERZEICHNIS

## STICHWORTVERZEICHNIS